LEALTAD TOTAL

Jackie Huba

Lealtad total

Cómo Lady Gaga
convierte a seguidores en fanáticos,
y qué lecciones puedes sacar de ello

EMPRESA ACTIVA

Argentina - Chile - Colombia - España
Estados Unidos - México - Perú - Uruguay - Venezuela

Título original: *Monster Loyalty – How Lady Gaga Turns Followers Into Fanatics*
Editor original: Portfolio/Penguin, New York
Traducción: Daniel Menezo García

1.ª edición Noviembre 2013

Créditos de las ilustraciones
Página 32: Forrester Research, Inc.; 34, 65 y 67: Jackie Huba (designed by Penguin Group (USA) Inc.); 64: Simon Sinek, Inc.; 68: Millward Brown Optimor and The Jim Stengel Company; 106: AP Photo / Matt Sayles; 111: Jason Reves; 124: Jay Directo / AFP / Getty Images; 127: Courtesy of Joel Diaz; 129: Jackie Huba; 141: Courtesy of Gary Sim; 149: Rod Brooks and Sean McDonald; 166: Krista Kennell / Sipa Press / AP Images; 172: Innocent Drinks

Copyright © 2013 by Jackie Huba
All Rights Reserved
© 2013 de la traducción *by* Daniel Menezo García
© 2013 *by* Ediciones Urano, S. A.
Aribau, 142, pral. – 08036 Barcelona
www.empresaactiva.com
www.edicionesurano.com

ISBN: 978-84-96627-80-2
E-ISBN: 978-84-9944- 653-0
Depósito legal: B-24.235-2013
Fotocomposición: Moelmo, SCP
Impreso por: Romanyà-Valls – Verdaguer, 1 – 08786 Capellades

Impreso en España – *Printed in Spain*

Para mis pequeños monstruos

Vuestro coraje frente a las presiones sociales nos inspira a todos.

Índice

Introducción   11
De Stefani a Gaga   19

Lección 1
Céntrese en su uno por ciento   29

Lección 2
Dirija con valores   45

Lección 3
Construya comunidad.   79

Lección 4
Ponga nombre a los fans   103

Lección 5
Aproveche los símbolos compartidos   119

Lección 6
Haga que se sientan estrellas del rock   135

Lección 7
Haga algo que dé que hablar.   155

¿Cómo se puede obtener la lealtad de otros?........ 177

Agradecimientos............................. 191
Notas 193
Acerca de la autora.......................... 219
Una selección de fuentes de información........... 221

Introducción

«Querida Mamá Monstruo:[1]

Durante estos últimos años, nadie ha estado a mi lado como lo has hecho tú. Cambias millones de vidas, y por eso, y por tantos otros motivos, eres una auténtica inspiración... Nos enseñas que ser diferentes está bien, y que si tienes un sueño no debes detenerte hasta alcanzarlo. No te considero solamente una cantante, Gaga, sino un estilo de vida...

Te quiere tu pequeña monstruo Bree <3»

Teniendo en cuenta que cada día Lady Gaga recibe de sus fans un aluvión de cartas como ésta, no es de extrañar que sea una de las cantantes pop más conocidas del mundo. Una base de fans repartidos por todo el mundo, y unas ventas aproximadas de 23 millones de álbumes y 64 millones de sencillos, la convierten además en una de las artistas musicales más vendida de todos los tiempos. Entre sus éxitos se cuentan[2] cinco premios Grammy; trece Video Music Awards de la MTV; varias apariciones consecutivas en la lista de Artistas del Año de la revista *Billboard* (donde en 2010 alcanzó el título absoluto de Mejor Artista); la cuarta posición en la lista de VH1 de Las 100 Mujeres más importantes en el mundo musical; y una plaza en la lista que en 2010 confeccionó la revista *Time* sobre las personas más influyentes del mundo. En 2011 obtuvo la primera posición en la lista de personas más adineradas del mundo que elabora *Billboards*, con unos beneficios de más de 30 millones de dólares. Ese mismo año *Forbes* la nombró la celebridad más importante del mundo, por delante de Oprah Winfrey. Está claro que, cuando uno supera a Oprah Winfrey en la lista que sea, es que tiene una gran dosis de poder y de influencia.

Pero Lady Gaga no alcanzó el éxito que disfruta hoy día basándose solamente en el talento, que sin duda tiene a espuertas. Lo consiguió fomentando una lealtad férrea entre sus fans, no sólo por medio de su música, sino también del mensaje que inspira y de la comunidad que ha levantado alrededor de éste. A cualquiera que esté inmerso en la comunidad empresarial, esto le sonará a un típico caso de marketing de fidelización y de buen servicio al cliente, y sin duda lo es. Lady Gaga no es sólo una estrella del pop; es una empresaria increíble.

Me hice fan de Gaga en 2009, cuando me sentí atraída por los ritmos *dance* adictivos de su álbum *The Fame*. Sin embargo, cuanto más la veía interactuar con sus fans, más me impresionaba su forma metódica de crear una base de fans apasionados. Vi cómo se relacionaba con sus fans en un nivel mucho más íntimo que la mayoría de sus contemporáneos egocéntricos. Los fans le abrían sus corazones *online*, y no sólo le hablaban de lo mucho que les gustaba la música y las ropas de Gaga, sino también de cómo les había inspirado para convertirse en mejores personas. Quise averiguar cómo inspiraba tamaña devoción. Leí todos los artículos sobre ella que encontré, y estudié las entrevistas que había dado a la prensa y a la televisión. Empecé a seguirla en Facebook,[3] donde ocupaba la tercera posición en número de fans, con 55 millones, y también en Twitter, donde es la más seguida, con más de 33 millones de seguidores, así como en Tumblr y en otras páginas sociales. Vi vídeos granulosos y casi inaudibles de sus actuaciones y de sus conciertos, que fans de todo el mundo habían colgado en YouTube. Visité las páginas de fans de Gaga más importantes, para ver qué tipo de información daban y qué decían los fans en los foros. Incluso he estado en tres de sus conciertos. Lo que empecé a atisbar me sorprendió. Lady Gaga hace algo que los observadores informales y muchos profesionales de los negocios quizá no comprendan del todo. Mientras crea sensación con sus disparatadas prendas de vestir y el arte alocado de sus actuaciones, está forjando meticulosamente una base fundamental de fans apasionados a largo plazo. Cuanto más observaba, más cuenta me daba de que Gaga podría enseñar muchas cosas al mundo empresarial sobre la manera de generar la lealtad de los clientes.

La primera vez que escribí[4] sobre este tema fue en febrero de 2010, en mi blog, *Church of the Customer*, en un post titulado «Lecciones de fidelidad de Lady Gaga». En mis siete años de bloguera ninguno de mis posts se había retuiteado y transmitido tanto como ése. Cuando lo retuiteó la bloguera especializada en chismorreos sobre las celebridades, Perez Hilton, me di cuenta de que había encontrado algo importante. Empecé a añadir a Lady Gaga como estudio de caso en mis conferencias, y recibí una respuesta magnífica por parte del público. La gente me dijo que no se habían dado cuenta de todas las cosas que hacía Gaga para fidelizar a sus fans, y que el hecho de aprender sobre ella como persona y sobre sus logros les ayuda a pensar en sus propios clientes de forma distinta. Las empresas más grandes de artículos de marca[5] del mundo, como Coca-Cola, no toman como punto de referencia a sus competidores para saber cómo conectar con sus seguidores en los medios sociales, sino a Gaga. Las empresas tecnológicas,[6] como Austin, Bazaarvoice (con sede en Texas), han buscado inspiración invitando al representante de Gaga a dirigirse a toda su plantilla para hablarles de cómo conecta ella con sus fans. Después de conocer a fondo la lealtad de los fans de Gaga, la BBC Radio londinense me entrevistó preguntándome sobre las capacidades de marketing de Gaga cuando en mayo de 2011 publicó su tercer disco, *Born This Way*. Fue entonces cuando nació la idea de escribir este libro. Lo titulé *Lealtad total* porque quiero detallar el proceso de creación de clientes semejantes a «pequeños monstruos» (como explicaré más adelante, «pequeños monstruos» es el nombre que Lady Gaga ha puesto a sus fans). Además, quiero invitar a los lectores a forjar esa fidelidad monstruosa en sus propios negocios y organizaciones.

El sentido de negocio que tiene Lady Gaga me impresiona, pero su pasión por cambiar el mundo para mejor, usando todos los medios posibles, es lo que realmente me inspiró para estudiarla. Influye en toda una generación de jóvenes invitándoles a protegerse unos a otros, a que sean más tolerantes con las diferencias y valientes para enfrentarse a las dificultades. Me he pasado horas y horas leyendo comentarios de fans sobre cómo Gaga ha cambiado sus vidas para bien. He llorado al ver vídeos en YouTube donde salían chicos que expresaban su intención de lesionarse o de acabar con sus vidas, pero el hecho de que Gaga, una mujer a la que ni siquiera conocían, creyera en ellos, les contenía para no hacerlo. Escuchan sus canciones, sobre todo «Born This Way», y se sienten mejor consigo mismos. Al leer este libro descubrirá más cosas sobre lo que hace Gaga. Pero mi decisión de escribirlo se debe en parte a que me siento impelida a compartir todas las cosas que hace, no sólo su perspicacia empresarial. Creo que si existe una candidata para proseguir con el legado de Oprah de inspirar a las personas a que manifiesten la máxima expresión de sus vidas, es esta joven de veintiséis años, de metro cincuenta y cinco, con su bikini tachonado.

Mientras redactaba este libro no trabajé con Lady Gaga ni con ningún miembro de su equipo en la Haus of Gaga. Mi inspiración procede del mismo lugar genuino que induce a tantísimos de sus fans a expresar quiénes son. Veo el mundo a través de la lente de la empresa y del marketing, y creo que las mismas cosas que hace Lady Gaga intuitivamente pueden ayudar a cualquier empresario a conectar con sus clientes y a crear una tribu tan apasionada como la de los pequeños monstruos. Soy defensora a ultranza de la creación de una lealtad apasionada en nuestros clientes. Esto ha constituido la línea de todos mis libros anteriores, y sigue siéndolo en éste.

No cabe duda de que Lady Gaga no es el tipo de persona (o concepto) que suelen tomar como modelo las empresas comerciales. Sus disparatadas actuaciones en los escenarios, durante las cuales le pega fuego a un piano o sale de un huevo, y sus extravagantes modelitos, como el escandaloso vestido de carne, generan una cortina de humo que oculta un sentido empresarial más serio. Sin embargo, tras esa cortina de humo, Gaga utiliza estrategias intuitivas que aplica a sus clientes, estrategias que los negocios más convencionales deberían estudiar y aplicar. Al explorar la biografía de Lady Gaga, la filosofía de sus fans y las siete lecciones clave sobre lealtad que he descubierto, este libro le ofrece un estudio de caso completo que puede ser un modelo para ayudar a las empresas, tanto grandes como pequeñas, a construir, mantener y ampliar la base de clientes esencial para su éxito. Al exponer cada una de las lecciones de fidelidad de Gaga, las ilustraré con ejemplos de cómo las empresas aplican esa lección. Al final del libro le proporcionaré un esquema y una hoja de trabajo para que empiece a plantearse cómo puede edificar una lealtad «monstruosa» para su empresa. Tal y como sabe la mayoría de personas dedicadas a los negocios, y como le mostrará la biografía de Lady Gaga en el capítulo siguiente, a veces las mejores ideas proceden de las fuentes más improbables.

De Stefani a Gaga

«Cuando me levanto por la mañana,[1] me siento tan insegura como cualquier joven de 24 años. Entonces me digo: Eh, zorra, que eres Lady Gaga. Levántate y mueve el trasero.»

LADY GAGA, junio de 2010

Lady Gaga se ha convertido en un modelo de comercializadora de la fidelización a la tierna edad de veintiséis años. Las estrategias y tácticas que ha empleado para aumentar su base de fans (para nuestro propósito como empresarios, también la llamaremos base de clientes) desde que se convirtió en una estrella ofrecen un modelo que pueden emular las compañías, marcas y organizaciones sin ánimo de lucro. Buena parte de la intuición de marketing de Lady Gaga procede de la puesta en práctica de experiencias vitales tan variopintas como dramáticas, experiencias que pueden ofrecernos una lente a través de la cual estudiar lo que hace bien y cómo lo hace. Muchos comercializadores harían lo que fuera por tener a Lady Gaga como «producto», en lugar de comercializar papel higiénico o detergente para lavadoras. Sus canciones pegadizas, sus alocadas actuaciones en el escenario y su vestuario descabellado la convierten en una persona única y de la que merece la pena hablar. Pero creo que lo que le ha proporcionado el éxito que tiene hoy día es su capacidad de concentrarse singularmente en mantener su base de fans. Esto es lo que la distingue de la manera tradicional de hacer negocios, y es el logro del que más pueden aprender las empresas tradicionales. Este capítulo se centrará en la biografía y el trasfondo de Lady Gaga, como el primer paso para entender cómo ha levantado una carrera musical con un éxito apabullante, usando estrategias de marketing intuitivas que las empresas pueden aprender a imitar.

Gaga nació el 28 de marzo de 1986, con el nombre de Stefani Joanne Angelina Germanotta. Creció en New York City, junto a sus padres italoamericanos, Joe y Cynthia. Stefani era un prodigio de la música. Empezó a tocar el piano[2] a la edad de cuatro años, compuso su primera balada para piano a los trece y empezó a actuar en veladas de «micro abierto» cuando tenía catorce. A los diecisiete años, la admitieron en el prestigioso Collaborative Arts Project 21, un conservatorio que formaba a los alumnos para el teatro musical, y que forma parte de la Tisch School of the Arts de la Universidad de Nueva York, lo cual demuestra que hubo otras personas que detectaron su talento. Ella explicó a *The Telegraph* (Londres) por qué su formación clásica fue un trasfondo importante para una cantautora pop, diciendo: «Me formé como pianista clásica,[3] lo cual te enseña de forma innata a escribir una canción pop, porque cuando aprendes las inversiones de Bach ves que tienen el mismo tipo de modulaciones entre los acordes. Todo es cuestión de tensar y soltar. Pero quiero hacer algo que hable a todo el mundo. Para mí, no hay nada tan poderoso como una canción que pones en una habitación, en cualquier lugar del mundo, y alguien se levanta y baila». Su estatus como joven prodigio y su historial como pianista de formación clásica son, en ciertos sentidos, los primeros pasos hacia su éxito. Tenía madera, y su talento hace que sea más probable su longevidad como icono de la música, porque los fans no se mantienen leales a alguien que no encarne una experiencia de calidad, dotada de sentido.

Los fans de Gaga, personas exigentes y entregadas, siempre han sabido distinguir entre su talento y sus disfraces y actuaciones hiperbólicas. La ocasión en la que apareció en el programa de radio SiriusXM, de Howard Stern, el 18 de julio de 2011, nos ofrece un atisbo de cómo reaccionan las personas ante su talento, y cómo ella las convierte en fans. Después de una prolija entrevista de hora y media,[4] donde se tocaron muchos temas, Gaga cantó dos canciones. Se acompañó al piano[5] y ofreció una versión acústica impresionante de «The Edge of Glory», que según comentó Stern fue «una de las mejores actuaciones que hemos tenido en el programa». La reacción por parte de los que no son sus fans, basándonos en los comentarios que hicieron *online*, fue que aquella actuación minimalista les convirtió en acólitos de Gaga. «¡Caray! ¡Vaya pedazo de tema![6] Esa actuación volatilizó la mayor parte de mi sarcasmo re:Gaga». Se produjo una reacción similar cuando Gaga, mientras hacía una gira en Japón, se sentó con un grupo musical en el bar del Tokyo Park Hyatt. Tocó el piano y ejecutó una versión estilo jazz del clásico de la década de 1950 «Orange Colored Sky». En un vídeo de YouTube[7] que grabó alguien del público, se oye a un hombre que le grita por encima de la música a su compañero «¡La quiero! ¡Antes no me gustaba, pero ahora sí!» Su talento habla por sí solo y, en gran medida, es el motivo de que la gente la respete y la admire. Gaga, sólo con un piano, tiene el poder de hacer cambiar la opinión que otros tienen de ella.

De esto podemos aprender algo importante: es muy difícil, por no decir imposible, edificar la fidelidad sobre un producto de mala calidad. Si un producto es defectuoso, la gente hablará mal de él. De los productos de calidad adecuada la gente apenas suele hablar. No hay nada que comentar. Para cautivar a los consumidores, la marca/producto/empresa/ONG debe destacar en el sentido más literal posible. Es decir, debe tener algo de lo que hable la gente porque valga la pena hacerlo. Gaga es el ejemplo perfecto. Pero cuando la gente ve más allá de los modelitos exagerados y los peinados estrambóticos, los evangelistas de Gaga pueden sacar sus vídeos, donde se la ve cantando acústicamente, y demostrar que esta mujer tiene madera. Y esos evangelistas, esos fans o clientes cruciales, se mantienen fieles a pesar del paso del tiempo y traen a otros al redil.

Sin embargo, antes de convertirse en una estrella, Stefani tomó muchos desvíos. Para consternación de sus padres, abandonó Tisch para concentrarse en su carrera musical. Su padre, Joe, aceptó pagarle el alquiler durante un año con la condición de que retomara los estudios si no tenía éxito en su proyecto. «Abandoné a toda mi familia,[8] me quedé el apartamento más barato que encontré y comí mierda hasta que alguien quiso escucharme», declaró a la revista *New York*. Ése fue el primer riesgo que corrió, y empezó como una fase experimental en la vida de Gaga que, al final, acabaría influyendo en el personaje que presenta en el escenario. Contactó con un productor musical, Rob Fusari, quien no sólo le ayudó a dar forma a su sonido, pasando del rock al dance electrónico, sino que también jugó un papel accidental para crear el nombre «Lady Gaga» después de comparar algunas de sus armonías con las de Freddie Mercury, líder de Queen. Gaga estaba dándole vueltas a nombres artísticos cuando Fusari le envió un SMS diciendo «Lady Gaga». «Cada día, cuando Stef[9] llegaba al estudio, en lugar de decirle hola me ponía a cantar [el tema de Queen] "Radio Ga Ga". Aquella era su canción de bienvenida. El mensaje de texto fue consecuencia de un fallo predictivo del corrector automático, que cambió "radio" por "lady". Ella le contestó: "¡Es perfecto", y añadió: "No vuelvas a llamarme Stefani"». Bajo ese nuevo nombre, empezó a escribir canciones, reunió un grupo y actuó en clubes pequeños en los alrededores de Nueva York. Asistió a espectáculos de neo-burlesque, y bailó como go-go en los bares, ataviada con un biquini. También probó las drogas.

Después de que Gaga conociera a la artista del *performance* Colleen Martin, alias Lady Starlight, en una fiesta en Manhattan, se hicieron muy amigas, y Gaga empezó a darse cuenta de que una carrera musical consiste en algo más que tocar música. Starlight, once años mayor que ella, se convirtió en su mentora. También enseñó a la artista en ciernes cómo elaborar vestidos impactantes. «A menudo los vestidos[10] estaban pegados con cola. A veces resistían y otras se caían a pedazos en el escenario. Siempre buscábamos las prendas más espectaculares [...] y salir todo lo desnudas que fuera posible», dijo Starlight. «Pero fui yo la que le dije que se quitase los pantalones, porque yo raras veces los llevo puestos.» Las dos actuaron juntas como «La revista de Lady Gaga y Starlight», calificando su espectáculo de «el espectáculo definitivo de pop-rock y burlesque». Fue un tributo *lo-fi* a los espectáculos de variedades de la década de 1970; Gaga se encargaba del sintetizador y Starlight de la percusión. Mientras preparaban ese espectáculo, Gaga comprendió, en un nivel visceral, que la actuación es una experiencia total, no sólo un producto musical, y que construir esa experiencia para su público era una manera importante de conseguir fans.

Durante esa época, las cosas empezaron a ir bien. En 2007,

Gaga firmó con Sony/ATV un acuerdo de publicidad musical y empezó a escribir canciones para Britney Spears, New Kids on the Block, Fergie y las Pussycat Dolls. Aún albergaba la esperanza de destacar como estrella por sí misma, de modo que empezó a estudiar los iconos culturales del pasado en busca de inspiración. Fascinada por la cultura pop, compró libros sobre Andy Warhol, donde aprendió cómo el estrellato podría constituir una forma artística propia. Comenzó a ser consciente de las tendencias culturales y del mercado, una consciencia que sigue beneficiándola hoy día. «Los libros de Andy[11] se convirtieron en su Biblia», dice Darian Darling, un amigo de la cantante. «Lo subrayaba con un bolígrafo.» Gaga declaró a *Seattle Weekly*: «Siento fascinación[12] por Andy Warhol y por el modo en que intentó crear un arte comercial que se tomase tan en serio como el arte tradicional. El panorama musical se ha vuelto tan pretencioso que ahora ser un artista del pop es casi una rebelión. Hay un montón de grupos y cantautores indie-rock que le hacen la peineta al mundo del pop y a las discográficas». Gaga se convirtió en una estudiosa de la cultura pop y, movida por una tenacidad que no tienen muchas estrellas del pop ni muchas empresas, entendió sólidamente qué defiende una cultura y por qué lo hace.

Fue entonces cuando empezó su transformación, y cuando puso en contacto quién quería ser como música y como artista. Encontró un personaje (un producto, por así decirlo) y descubrió su primera encarnación como estrella. Colaboró con un productor marroquí poco conocido que se hacía llamar RedOne y se especializaba en música electrónica y synthpop. Juntos escribieron un tema club titulado «Just Dance». Ella, que tiene el pelo castaño, se tiñó de rubia. Empezó a vestirse con prendas metálicas, inspiradas en la astronáutica. Durante sus actuaciones se ponía un parche en forma de rayo sobre un ojo, al estilo de David Bowie.

Poco se imaginaba que estaba a punto de llegar su éxito más grande. Un día, el artista de hip-hop y productor Akon se esforzaba por cohesionar algunos temas para su segundo álbum, titulado *Konvicted*. A Gaga le pidieron que acudiese al estudio e hiciera de referencia vocal para Akon. Una referencia vocal es como un plano que sigue el cantante cuando graba la pista definitiva. Se usa como punto de referencia, pero se elimina una vez que se ha concluido el trabajo. Akon se quedó tan impresionado por la forma de cantar de Gaga que le hizo un contrato con su discográfica Kon Live, y empezó a trabajar con ella en el primer EP de la cantante, *The Fame*. El álbum, que expresaba la fascinación que siente Gaga por la fama, se publicó en agosto de 2008, con los cuatro primeros sencillos, «Just Dance», «Poker Face», «Love Game» y «Paparazzi», todos los cuales llegaron al número uno de la lista de *Billboard*. *The Fame Monster*, su intentona novel, se publicó en noviembre de 2009. Cada tema del álbum estaba vinculado, por experiencia personal, con la cara más oscura de la fama, y se expresa mediante la metáfora de un monstruo. Los dos primeros sencillos del álbum, «Bad Romance» y «Telephone», llegaron a lo más alto de la lista. De hecho, Gaga fue la primera artista de la historia que consiguió que sus seis primeros sencillos llegaran al número 1 en la lista de pop de *Billboard*. Durante el año y medio que duró la gira Monster Ball Tour, Gaga actuó ante de 2,4 millones[13] de personas en 202 espectáculos y 28 países. Su popularidad se disparó[14] en un periodo de tiempo muy breve, y culminó cuando *Rolling*

Stone la nombró la Reina del Pop del momento. Como decimos en el mundo empresarial, fue su momento de fábula, ese instante en que todos los datos que zumbaban en horizontal se ponen de repente verticales. Había llegado su momento. Es importante comprender el trasfondo de Gaga y cómo pasó de ser Stefani a convertirse en la máxima estrella del pop del mundo, porque buena parte de sus experiencias de la infancia y de la vida en Nueva York han conformado quién es actualmente. Su biografía sigue influyendo el modo en que gestiona su base de fans (o de clientes) de una manera en que no lo hace la mayor parte de músicos, grupos y negocios. Es importante estudiar lo que hace, cómo lo hace y por qué, dado que hay maneras de imitar su éxito dentro de entornos empresariales más tradicionales. Creo que, en todo lo relativo a los pequeños monstruos, lo que guía a Gaga son su tremenda intuición y su deseo de crear relaciones con sentido con sus fans. A lo largo de los siete capítulos siguientes, analizaré a fondo lo que hace y lo expondré de tal modo que lo puedan aprovechar las empresas y las ONG. Es posible que la gestión que hace Gaga del mundo del espectáculo sea muy diferente al tipo de negocio que desarrolla usted, pero la atención que pone ella en crecer mediante la fidelización de los clientes que le son devotos es un objetivo empresarial universal. En el capítulo siguiente examinaremos su filosofía única sobre los fans, que consiste en concentrar la mayor parte de sus esfuerzos en un sector muy reducido de su base de fans: el uno por ciento.

Céntrese en su uno por ciento

«Ya no soy el principio.[1] En realidad, ya no me considero el centro. El centro son ellos. Yo soy la atmósfera que los rodea [...] Seguiré convirtiéndome en lo que ellos [los fans] quieran que sea.»

LADY GAGA

El síndrome del objeto nuevo y reluciente. Cuesta escapar de él. Con frecuencia nosotros, los empresarios, nos concentramos en la novedad de las cosas. Nos fascina el último grito, lo mejor, lo cual a menudo distorsiona nuestras prioridades de negocio. Muchas empresas se agotan intentando captar clientes nuevos en lugar de centrarse en los que ya tienen. Esto lo vemos constantemente en compañías que hacen descuentos importantes a los clientes nuevos, para atraerlos, mientras que los clientes de hace años se preguntan por qué la empresa no recompensa su lealtad con las mismas ofertas.

Un estudio que realizaron en 2011 Forrester Research[2] y Heidrick & Struggles demuestra la obsesión de los directores de marketing que se concentran en el factor «nuevo»: nuevos clientes, nuevos productos, nueva consciencia (ver Fig. 1.1). Pidieron a esos directores de marketing que nombrasen los tres objetivos prioritarios en ese momento.

Un 59 por ciento de los directivos dijo que una de sus máximas prioridades es captar clientes nuevos. ¿Y qué pasa con los que ya tienen? Sólo un 30 por ciento de los respondientes dijo que una de sus máximas prioridades es conservar los clientes que ya tienen. Poco más de una cuarta parte de los respondientes, el 26 por ciento, afirma que un objetivo clave es obtener un mejor valor durante toda la vida del cliente, así como la satisfacción/apoyo de los clientes. Esto no puede ser

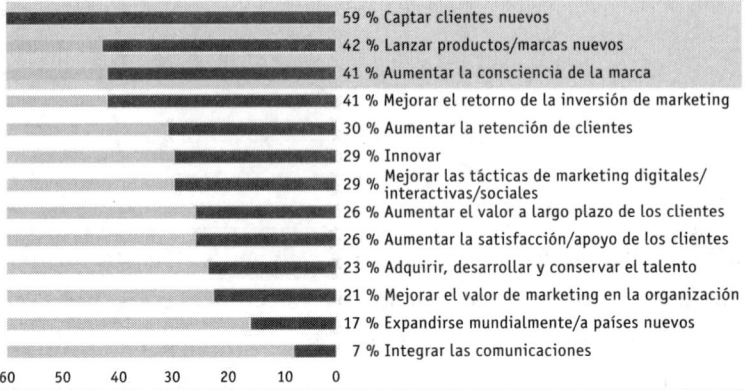

59 % Captar clientes nuevos
42 % Lanzar productos/marcas nuevos
41 % Aumentar la consciencia de la marca
41 % Mejorar el retorno de la inversión de marketing
30 % Aumentar la retención de clientes
29 % Innovar
29 % Mejorar las tácticas de marketing digitales/ interactivas/sociales
26 % Aumentar el valor a largo plazo de los clientes
26 % Aumentar la satisfacción/apoyo de los clientes
23 % Adquirir, desarrollar y conservar el talento
21 % Mejorar el valor de marketing en la organización
17 % Expandirse mundialmente/a países nuevos
7 % Integrar las comunicaciones

Base: 191 directores de marketing
(aceptadas las tres respuestas más reiteradas)

Fuente: Forrester Research, Inc.

Figura 1.1. Índice de las máximas prioridades de los directores de marketing. Evidentemente, padecen el síndrome del objeto nuevo y reluciente.

más evidente en industrias como el servicio televisivo por cable/satélite, que se centran en captar cuantos más clientes nuevos mejor a expensas de los ya existentes. Según un estudio Satmetrix de consumidores estadounidenses realizado en 2012 por Net Promoter Benchmark,[3] de las 22 industrias examinadas por Satmetrix, la industria de la televisión por cable/satélite tiene una de las peores puntuaciones en la satisfacción actual de sus clientes (un 8 por ciento); las únicas puntuaciones menores que evalúan la mediocridad son las de la asistencia sanitaria (4 por ciento) y los servicios de Internet (4 por ciento), aunque es posible que este último ramo sea tan bajo porque a menudo se combina con el cable/satélite. Dentro de la industria de la televisión por cable/satélite, los clientes no paran de quejarse de la falta de servicio de atención a los clientes ya existentes. Si echamos un vistazo rápido a la página Yelp de Time Warner Cable en Austin, Texas, veremos cuántos clientes hay a quienes les molesta cómo les tratan. Ceee D. dice: «¡Joooder!⁴ Fíjate en todas esas valoraciones de una estrella. CRÉETELAS. Lamentablemente, aciertan en todo. TWC está bien mientras seas un cliente nuevo y nunca hayas tenido que contactar con ellos por el motivo que sea. Si no, bienvenido al INFIERNO más puro y sin aditivos».

Esto es lo que han entendido mal las empresas como éstas. Según un estudio probado y fidedigno de TARP Worlwide, es cinco veces más barato conservar a un cliente que captar uno nuevo. Las prioridades de los directivos de marketing centradas excesivamente en los clientes nuevos no tienen sentido. Y a menudo ese énfasis se pone a costa de los clientes existentes, clientes que, si se conservasen, ayudarían a atraer a clientes nuevos sólo por el hecho de estar satisfechos y comentarlo con otros.

Sin embargo, justo donde las otras empresas no parecen tenerlo claro, a Gaga le salen las cuentas. Su filosofía general consiste en centrarse en sus defensores más fieles, los superfans, los pequeños monstruos. Estos defensores, en última instancia, se convertirán en impulsores entusiastas que conseguirán captar a clientes nuevos. Creo que en el caso de Gaga esto es una decisión intuitiva, que no está respaldada sólo por las cifras. Quizá debido al entorno familiar en el que creció, la lealtad es muy importante para ella. Siente la necesidad de recompensar la fidelidad de los fans que la respaldaron al principio de su carrera. En un capítulo posterior descubrirá que incluso después de haberse convertido en la máxima estrella del pop de este mundo, siempre que pasaba por las ciudades donde estaban los clubes pequeños que le dieron una oportu-

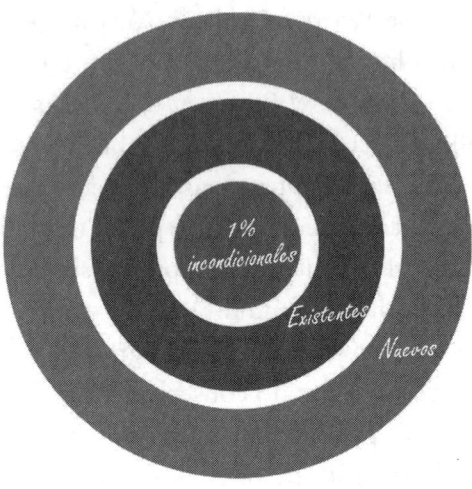

Figura 1.2. A menudo los clientes super comprometidos sólo constituyen el uno por ciento de la base de clientes.

nidad cuando empezaba su carrera, los visitaba. Quería recompensar su lealtad. Además, no le interesa convertir a las personas que no la entienden. Y son muchas quienes no lo hacen. Gaga declaró a la revista *Cosmopolitan*: «He comido tanta [palabra malsonante][5] durante tanto tiempo, cuando me decían que no encajaba en el molde y que era "demasiado pop" o "demasiado teatrera"... Siempre he tenido una ambición tan delirante que la gente no me ha comprendido». Pero sus fans más fieles sí la entienden, y es en ellos donde ella se concentra.

A estos clientes esenciales, que están tan sumamente comprometidos, los llamo «los del uno por ciento». Por lo general, este grupo de seguidores supone el 1 por ciento de la base de clientes de una empresa (ver Fig. 1.2).

Esta idea del uno por ciento[6] se basa en una investigación que hicimos mi coautor Ben McConnell y yo para nuestro libro de 2007, *Citizen Marketers*. En los primeros tiempos de la comunidad *online* y los medios sociales, nos fijamos en las comunidades *online* y analizamos qué porcentaje de sus miembros creaba contenidos. En otras palabras, quién estaba más comprometido. Descubrimos que no superaba el 1 por ciento de los miembros totales de la comunidad. Otro 10 por ciento de la comunidad interactuaba con ese contenido mediante comentarios o evaluaciones, y el otro 89 por ciento se limitaba a leerlo sin hacer comentarios. Fue una sorpresa. La cantidad de miembros de la comunidad super integrados no seguía la regla habitual de 80/20 (es decir, el principio de Pareto), que afirma que el 80 por ciento del valor proviene del 20 por ciento de los participantes. Nuestra investigación demostró que el volumen de creadores de contenido era muy inferior, de sólo el 1 por ciento. Un 1 por ciento supone una parte muy reducida de la comunidad, y sin embargo esta cifra desproporcionada creaba la mayor parte del valor para toda la comunidad.

Podríamos decir que los que componen el uno por ciento son «promotores entusiastas de clientes». De hecho, éste fue el título[7] de mi primer libro, *Creating Customer Evangelists*, y creo que muchos de los rasgos que descubrimos mi coautor y yo sobre estos clientes son aplicables a los miembros del uno por ciento. Si usted detecta los siguientes rasgos en su base de clientes, es posible que se trate del grupo del uno por ciento:

- **Recomiendan apasionadamente su empresa a sus amigos, vecinos y colegas.** Usted consigue nuevos clientes porque un amigo no deja de hablar de un producto o servicio, y en especial del modo en que le cambió la vida.

- **Creen en la compañía y en su personal.** Es posible que los clientes manifiesten su creencia en su declaración de objetivos, sobre todo si ésta se centra en transformar el mundo.

- **Compran sus productos y servicios para regalarlos.** Quieren que sus amigos experimenten lo que tanto aman ellos mismos.

- **Elogian a la empresa sin que nadie se lo pida, o sugieren mejoras.** Han ido más allá de las recomendaciones verbales, y se convierten en auténticos promotores ofreciendo a su empresa su tiempo y sus conocimientos. Se han convertido por decisión propia en voluntarios.

- **Perdonan las temporadas flojas o los fallos en el servicio al cliente.** Como han invertido tiempo para comprender su empresa, saben cómo funcionan las cosas. Entienden los retos que supone dirigir una compañía, y saben que nadie es perfecto. Han forjado una relación con usted, y las relaciones nunca son perfectas.

- **No quieren que nadie les compre.** Crear un sistema para pagar a los clientes actuales si captan clientes nuevos viene a ser como pagar a un familiar para que venga a cenar a casa. Puede hacerlo, pero alterará la dinámica de la relación. Pagar a los promotores entusiastas convierte el voluntariado en un trabajo.

- **Se sienten parte de algo mayor que ellos mismos.** Han conectado con su marca o compañía en un nivel intrínseco, emocional. Quieren conocer a otros clientes que piensen como ellos, y que crean en lo que creen ellos. Como usted.

Hay numerosas empresas, que destacaré en un punto posterior del libro, que tienen estos tipos de clientes «uno por ciento». MINI y Method son dos de las que me vienen a la mente. Gaga y su representante, Troy Carter, también entienden que el secreto del éxito a largo plazo radica en concentrarse en quienes componen el uno por ciento. Esto difiere bastante de muchos otros artistas en la industria musical. Pensemos en los contemporáneos pop de Gaga: Nicki Minaj, Rihanna, Katy Perry. Ahora todos son muy populares, pero ¿lo serán dentro de diez o veinte años? Todos cantan temas pop pegadizos. Se visten con ropas extravagantes de las que habla todo el mundo. Pero no parece que detrás de sus fachadas haya mucha profundidad. No me malentienda: esos artistas tienen fans entusiastas. Sin embargo, no hacen nada por atender a sus fans más fieles como lo hace Gaga. Gaga y Carter están dispuestos a invertir ahora en la base de clientes que desean tener dentro de muchos años. En 2009, Gaga declaró a *The Guardian*: «No quiero ser una canción.[8] Quiero ser los próximos veinticinco años de música pop. Pero la verdad es que cuesta mucho medir ese tipo de ambición. Ese tipo de ambición rubia a la que la gente mira arqueando una ceja, porque hoy día la mayoría de artistas carece de longevidad, sobre todo en el campo de la música desenfadada que habla de la ropa interior, la pornografía y el dinero».

La popularidad de Gaga se disparó tras su primer tema que llegó al número 1, «Let's Dance». A medida que crecía su notoriedad, aumentaba el número de seguidores en Twitter y

Facebook. En el momento en que escribo este libro, Gaga figura entre las celebridades que tienen más «Me gusta», más de treinta y tres millones. En Facebook figura entre las celebridades con más «Me gusta», con más de cincuenta y cinco millones. Pero los fans a ultranza también hacen comentarios en las páginas web de fans que han ido apareciendo. Las páginas más populares son GagaDaily.com, GagaNews.com y PropaGaga.com. Estas páginas de fans no sólo registran en sus blogs cada uno de los movimientos de Gaga, sino que ofrecen foros en los que los fans pueden hablar unos con otros. Esto genera un sentido de comunidad auténtico entre los fans, que realmente «conectan» con esta artista tan ecléctica.

A finales de 2010, Gaga y su equipo se dieron cuenta de que podían crear un lugar propio y privado para los superfans, los pequeños monstruos. La idea se le ocurrió a la propia Gaga después de ver un avance de la proyección de *The Social Network*, una película sobre el auge de Facebook. «¿Por qué no creamos uno para mis fans?»,[9] preguntó a su representante. A Carter le encantó la idea. Se asoció con algunos de los mejores talentos de Silicon Valley, y creó una empresa llamada Backplane, que construiría una plataforma de redes sociales que podrían usar otros artistas e incluso otras marcas. Gaga invirtió su propio dinero en este proyecto. La red social de Gaga se llama Littlemonsters.com, y gira totalmente en torno a los superfans.

En febrero de 2012 se abrió una versión beta de la página para un grupo de mil fans influyentes, entre quienes se contaban los creadores de los *fan sites* independientes de Gaga. La página tiene la pinta de un cruce entre las webs Pinterest y reddit, con un muro deslizable de los dibujos que envían los fans y las fotos que cuelgan los pequeños monstruos. Los fans pueden crear un perfil, enviarse mensajes unos a otros y encontrar vínculos a fechas de conciertos. Incluso tienen su propia dirección de correo Littlemonsters.com, que vincula su identidad *online* con Gaga. El 10 de febrero de 2012 la propia Lady Gaga creó un perfil y empezó a comunicarse con sus fans. Laura Lyne, estudiante de periodismo de Dublín, Irlanda, cofundadora del *fan site* GagaNews.com, fue la encargada de interactuar con la gestión de Gaga. El personal de Carter y Gaga llevaba años pendiente de los *fan sites* para actualizarlos añadiendo noticias y proyectos. Pero Lyne dijo a la revista *Wired* que Littlemonsters.com lleva este concepto a un nivel totalmente distinto. Según explica ella: «Parece que Lady Gaga actúa regularmente.[10] No para de actualizarse. Hay un icono del amor, y ella lo clica para referirse a las cosas que destacan. Hace un par de semanas tuiteó una muestra de arte de un fan que encontró en la página. Fue algo asombroso, que de otro modo nunca habría visto. Los fans reciben esta oportunidad asombrosa. Esto es lo que hace de la página algo único».

Entonces, ¿cómo funciona la fórmula del uno por ciento para Gaga? Resulta un poco difícil calcular el tamaño de la base de fans de Gaga. Las cifras podrían incluir los álbumes vendidos, los sencillos, las entradas de conciertos, etc. Pero un vistazo al número de sus seguidores en Facebook o Twitter podría ser un buen indicador. Sin duda que los números de los fans que siguen a Gaga en dos de las páginas sociales más populares se solapan. Sin embargo, si examinamos el grado de relación que tiene Gaga con los fans de las dos páginas (retuiteos y favoritos en sus tuits, y «Me gusta» y comentarios en sus posts de Facebook), la página que gana de calle es Facebook. Una foto reciente de la artista, titulada «Fuego de Chicago», una referencia al próximo programa televisivo de su novio actor, obtuvo 113. 000 «Me gusta» en dos horas. Por tanto, usemos los 55 millones de «Me gusta» en Facebook como nuestra cifra comunitaria total. Entonces, la regla del uno por ciento dictaría que el número de superfans equivaldría aproximadamente al 1 por ciento de esa cifra, o 550.000 personas. El 25 de agosto de 2012, Gaga tuiteó lo siguiente: «¡Estoy muy contenta de deciros[11] que [Littlemonsters. com] se acerca al MEDIO MILLÓN DE USUARIOS! ¡Nuestro bebé está creciendo!» La regla del «uno por ciento» se mantiene válida para Gaga.

Gaga y su equipo de administración dieron un paso estratégico al invertir en un vehículo participativo para los fans del uno por ciento. Carter sabe que Littlemonsters.com es un valor muy lucrativo para su cliente, y ha planteado la posibilidad de que algún día en esa página puedan vender a los superfans música y otros productos relacionados directamente con Gaga. Mientras otros artistas siguen persiguiendo a sus seguidores por Twitter y Facebook, Carter se muestra imperturbable. Admite que esas páginas sociales son buenas para los números en bruto, pero él y Gaga se centran más en su red del uno por ciento. Hablando de los fans de Littlemonsters. com, Carter dice: «Son fans muy motivados[12] [...] No es una página para los pasivos. Es para los fans entre los fans. Podríamos acudir a Facebook si sólo quisiéramos tener más gente, pero danos a medio millón de personas realmente motivadas y la onda expansiva será enorme». Gaga capta a nuevos superfans en su red privada al colgar en primer lugar en Littlemonsters.com todas las fotos, vídeos o cartas largas dirigidas a sus fans. Luego cuelga los links a Littlemonsters.com en el contenido de Twitter y Facebook. Los fans siguen los links y así es como se enteran de la existencia de la comunidad. Impulsar y expandir el uno por ciento requiere dedicación y deferencia hacia esta base de fans esencial. El compromiso que tiene Gaga con su visión y con sus fans se puso a prueba en 2012, durante la Born This Way Ball Tour. La policía de la ciudad indonesia de Yakarta[13] no quería concederle los permisos porque los grupos radicales islámicos amenazaban con actos violentos si actuaba en ella. El Frente de Defensores Islámicos (FDI) llamó a Gaga[14] «una mensajera del demonio con sujetador y medias», y afirmó que su espectáculo era demasiado vulgar para los ciudadanos. Oficialmente, Indonesia es un país laico, pero tiene más musulmanes que cualquier otra nación. Ya se habían vendido más de 50.000 entradas. La policía dijo a Gaga que le darían el permiso para actuar solamente si ella se comprometía a reducir el grado de provocación del concierto. Gaga y su equipo contestaron que preferían cancelar las fechas de la gira antes que introducir cambios para contentar a los censores y a los grupos religiosos. Carter declaró ante la Music Matters Asia Conference en Singapur que la oposición ferviente era más un rechazo de todo lo que representaba la cantante que de cualquier otra cosa relativa a su vestuario o a su comportamiento en el escenario. «No creo que tenga nada[15] que ver con Gaga, sino más bien con... Miren, lo que pasa aquí no es más que un gran vacío cultural y generacional», dijo Carter al público. «Están jugando con diversos factores, juegan con la política... juegan con factores religiosos. Es bastante más complicado que un cambio de vestuario.» Aunque cancelar el espectáculo fue un golpe muy duro para ella, Gaga sintió que decepcionaría a sus pequeños monstruos si no defendía su visión y la de ellos. No quería que los fans indonesios disfrutaran de un espectáculo descafeinado. «Nosotros atendemos a un público muy, muy, muy concreto», dijo Carter. «Es un público que, tal como lo vemos, prolongará la carrera de Gaga. Es un público que, con suerte, dentro de veinte años seguirá viendo actuar a Gaga a medida que ellos se hacen mayores y ella también. Por lo tanto, es muy importante que ella mantenga su fidelidad y su lealtad con este público, y tenemos la esperanza de que ellos la seguirán.»

La reacción que tuvieron los pequeños monstruos de Indonesia refleja la lealtad que Gaga les ha enseñado. En una muestra de solidaridad[16] y de respaldo, noventa y uno de los mayores fans de Gaga se reunieron en el centro comercial eX Plaza de Yakarta para hacerle un tributo a la cantante mediante un *flash mob*. Se vistieron con trajes icónicos inspirados en Gaga y realizaron una coreografía en grupo ante los ojos sorprendidos de los compradores que filmaban toda la actuación con sus teléfonos móviles. En el vídeo de diez minutos que descargaron en YouTube, el grupo baila con la música de un *medley* de los temas de Gaga, antes de abrazarse triunfalmente una vez concluida la actuación. Usaron este espectáculo para enviar un mensaje a los grupos islamistas conservadores del país, y a la propia Gaga, insertando una nota al final del vídeo: «Hay toneladas de rechazo[17] y de odio por todas partes. Pero aun así, siempre te apoyaremos. Respetamos tu decisión debido a la cancelación del BTW Ball, pero eso NO cambia lo mucho que te queremos. Te queremos, Mamá Monstruo, y te querremos hasta el final».

Esta expresión de apoyo, como pueden imaginar, emocionó a Gaga. En su cuenta de Twitter colgó un link a este vídeo, junto con una respuesta a sus monstruos de Indonesia: «Esto me ha hecho llorar[18] mucho —escribió Gaga—. Sois los mejores fans del mundo». Fue un momento[19] que cohesionó a toda la comunidad mundial de pequeños monstruos, y un comentarista del vídeo de YouTube declaró: «Esto me encanta. Es muy hermoso ver cómo unas personas valientes hicieron algo así, vestirse de esa manera en un país con una mente tan cerrada. Estoy muy orgulloso de mis colegas los pequeños monstruos de Indonesia. En lugar de no hacer nada, dijisteis: "¡Que les den! Vamos a montar nuestro propio concierto". Bailo con vosotros, ¡y arriba esas garras!»

Hoy día las empresas inteligentes se concentran en hacer crecer su negocio haciendo partícipes del mismo a los miembros del uno por ciento. No existe una poción mágica, sólo paciencia y centrarse en el largo plazo. Puede que surjan tentaciones de pillar un atajo y no crecer orgánicamente. El representante de Gaga tuvo que luchar contra este impulso. Aunque al principio de su carrera Gaga podría haber actuado ante más personas, porque existía la demanda, quiso actuar ante públicos más reducidos para que los asistentes pudieran conectar realmente con ella. «Una de las mayores cosas[20] [...] es el proceso de descubrimiento, y asegurarse de que el público siente que hasta cierto punto es propietario de éste.» Su consejo para hacer crecer el uno por ciento: «Consiste en no saltarse un solo paso, [sino] duplicar el esfuerzo destinado al público que te haya descubierto, sea cual fuere».

Gaga quiere estar ahí durante mucho tiempo más, de modo que hace lo más inteligente al invertir ahora en el uno por ciento de sus seguidores. Es una técnica empresarial estratégica, y seguramente lo más importante que pueden aprender de ella otras compañías y organizaciones. Cultivar orgánicamente una base esencial de clientes apasionados que se mantienen fieles y le ayudan a construir su negocio le arrojará dividendos a largo plazo. Una vez que haya adoptado esta estrategia, el paso siguiente en el camino para relacionarse con el uno por ciento es empezar por lo que tiene más importancia o, como veremos en la Lección 2, dirigir con valores.

Dirija con valores

«No tiene nada que ver[1] con mi manera de vestir o con mi voz. Lo más importante es el poder del mensaje.»

LADY GAGA

Un paso importante para crear clientes apasionados y fieles no se reduce a centrarse en las características y los beneficios de su producto o servicio, sino en asegurarse de que los clientes sepan que su negocio consiste en algo más grande. Por «grande» quiero decir algo emocional en lo que puedan creer las personas. Las características y los beneficios hablan a la faceta analítica de lo que usted vende. Sus valores, las cosas en las que cree su compañía y el modo en que transforma las vidas de los clientes para bien transmiten la faceta emocional de su producto. Es posible que a los clientes les interese lo que hace su producto, pero sólo pueden establecer vínculos emocionales con una empresa si creen lo mismo que ella. Hay diversas expresiones y palabras que describen este conjunto de creencias: «valores fundamentales», «propósito», «causa», «ideales» o, como veremos más adelante en este capítulo, «el porqué», como dice Simon Sinek. Los coautores Richard Cross y Janet Smith han bautizado este concepto como «vínculos de identidad» que se forman entre el cliente y la empresa. «Los vínculos de identidad[2] se forman cuando los clientes admiran y se identifican con los valores, las actitudes o las preferencias de estilo de vida que asocian con su marca o con su producto», escriben en *Customer Bonding: Pathway to Lasting Customer Loyalty*. «Los clientes forjan un apego emocional basado en su percepción de esos valores compartidos.» Da lo mismo cómo quiera llamarlo: estoy hablando de la idea de conectar con los clientes en torno a algo más grande que los productos y servicios tangibles que aparecen en su web. En este capítulo analizaremos cómo Lady Gaga es un ejemplo excelente de lo que supone defender unos ideales, y cómo los encarna. Examinaremos por qué es importante que las empresas también dirijan con sus valores, el rendimiento empresarial de las organizaciones que hacen esto y, en última instancia, cómo reorientar nuestro enfoque al mercado para empezar con «el porqué».

Las cinco dimensiones de una causa

Guy Kawasaki sabe un poquito sobre cómo dirigir con valores. Fue uno de los primeros «evangelistas» de Apple, uno de los empleados que tenían la misión de vender a los desarrolladores de *software* la propuesta de valor de levantar sus productos sobre el *hardware* de aquella compañía informática incipiente. Para Kawasaki y sus compatriotas en Apple, fue una ardua batalla. Se enfrentaban al coloso IBM, treinta y cinco veces más grande que ellos, con varias décadas de antigüedad y muy extendido entre los hombres de negocios. En aquella época, 1983, Apple ni siquiera tenía un prototipo funcional, de modo que no podía competir en cuanto a prestaciones. Pero sí que tenían el sueño de aumentar la productividad y la creatividad de las personas al poner en tela de juicio el status quo. El trabajo de Kawasaki consistió en ser un evangelista de Apple y vender ese sueño.

Kawasaki comparte su experiencia[3] sobre cómo «vender»

algo más grande que Apple en su libro *Venda su sueño*. En este libro, explica que usted debe partir de sus valores o, como él lo expresa, tener una causa. Kawasaki sigue explicando que las causas alcanzan cinco propósitos:

Encarnar una visión
Mejorar a las personas
Producir grandes efectos
Catalizar actos altruistas
Polarizar a las personas

Los valores de su empresa, ¿valoran estas cinco cosas? Confrontar sus valores con estas cinco dimensiones es un buen ejercicio que puede realizar mientras refina sus valores y sus creencias fundamentales. Confrontemos a Gaga con estas cinco dimensiones para analizar cómo centra su negocio en hacer algo más grande que vender música pop.

Encarnar una visión

Una visión es la idea que tiene una persona o una empresa sobre cómo cambiar el mundo, incluso si sólo es la parte del mundo que es importante para sus clientes. La visión de Gaga consiste en transformar la cultura para crear un entorno más amable y valiente, donde se valore a todo el mundo. Sus fans comparten la visión de Gaga, como demuestra este ejemplo:

Hay artistas[4] que definen a toda una generación. Los Beatles, Elvis, Frank Sinatra, Michael Jackson. Su influencia llega muy lejos, y se extiende más allá de su música. Y usted es como ellos. Es curioso ver cómo los medios de comunicación la consideran sólo una cantante. Usted es algo más que eso. Es cantautora, pianista, artista de *performances*, pionera en los medios sociales y activista social. Cada vez que respira inspira a millones.

COREY SHEERAN,
Lakewood, California

Quizás el camino que llevó a Gaga hasta su visión comenzara cuando siendo pequeña la acosaban en el colegio. Hay un episodio concreto que ella ha descrito y que tuvo lugar en secundaria. «Unos chicos me cogieron[5] y me metieron en un contenedor de basura que había en la calle, en la esquina de mi bloque, justo cuando salían todas las otras chicas del instituto y pudieron verme en medio de toda la porquería», reveló en un especial de la MTV, intentando reprimir las lágrimas.

«Todo el mundo se reía,[6] incluso yo. Yo tenía una risa nerviosa... Recuerdo incluso que una de las chicas me miraba como diciendo "¿Vas a llorar? ¡Eres patética!". Así es como me sentía, "eres patética".» Admitió que le había dado demasiada vergüenza como para hablar del incidente con nadie, ni siquiera con sus padres. Muchos de sus fans pueden identificarse con esta experiencia.

Su visión de un mundo más amable y valiente, así como el valor que confiere a participar en hacer del mundo un lugar más seguro y mejor, puede rastrearse hasta incidentes como éstos. Esas cicatrices son profundas, y no desaparecen. Gaga declaró a Oprah en una entrevista celebrada en el hogar donde pasó su infancia, en New York City:

[A pesar de] toda la fama y la fortuna,[7] de la alabanza que recibes, hay algo en tu interior que carga con las cicatrices de aquellas experiencias. Trabajo cada día para convertirme en un ser humano con más confianza en sí mismo, como lo hacemos todos. Pero hay momentos en que me pregunto si es cierto. Eso es lo más trágico. Y ahí es donde quiero ayudar más. Parece casi ridículo que estuviera sentada con Oprah Winfrey en la cocina de mi madre diciendo que a veces me siento despreciable. Cuando uno experimenta la sensación de que te cojan entre varios y te tiren a un contenedor de basura en público, eso es algo que puede acompañarte de por vida. Eso es lo que pasó conmigo.

Por lo tanto, Gaga se apasiona por su visión, en parte porque nace de su propia experiencia, y eso la hace comprender personalmente la importancia que tiene. En una entrevista que concedió a la revista *The Advocate* explicó: «Sólo me importa[8] lo que puedo cambiar. ¿Qué puedo mejorar? ¿Cómo puedo participar en la lucha por los problemas sociales modernos? ¿Cómo puedo cambiar las vidas de los jóvenes? ¿Cómo puedo crear un espectáculo y un álbum que sean un portal al surrealismo, para librarnos de todas nuestras inseguridades y estar orgullosos de quienes somos? En ese sentido soy una jodida *hippy*, y eso es precisamente lo que soy».

Alude a crear un mundo más amable y valiente con el simbolismo asociado con su álbum *Born This Way*. Su lanzamiento del sencillo «Born This Way» en la entrega de los premios Grammy de 2011 fue una actuación en la que Gaga «nacía» de un receptáculo en forma de huevo, para representar una nueva raza de personas sin prejuicios, acríticas. En el vídeo de este tema Gaga explora más a fondo el «nacimiento de una nueva raza», introduciendo muchas escenas de «partos». Tengo que decir que incluso a mí me impactó lo explícitas que son esas escenas. Se pasó de la raya para transmitir su visión de un mundo nuevo, más valiente y amable que estaba en proceso de creación.

Mejorar a las personas

Sus valores deberían hacer que otras personas funcionen o se sientan mejor. Por ejemplo, Apple hace que sus clientes se sientan más creativos y productivos. Las organizaciones sin ánimo de lucro con incidencia social, como Mothers Against Drunk Driving (MADD, «Madres contra la conducción bajo los efectos del alcohol»), cuya misión es reducir el número de personas que conducen en Estados Unidos bajo los efectos del alcohol, intentan hacer que el mundo sea un lugar más seguro para todos nosotros. Gaga hace mejores a las personas al inspirarlas para que sean valientes, y que sean las mejores personas que puedan ser. Quiere que sus fans se quieran a sí mismos, y que no les preocupe la opinión de quienes les odian. Podemos ver los efectos de su inspiración en cartas como ésta:

Querida Mamá Monstruo:[9]

Me enorgullece decir que me has ayudado muchísimo. En medio de los momentos más oscuros de mi vida, me has ayudado a ver la luz. Gracias a ti me he convertido en una persona mucho más compasiva y fuerte. Puedo decir, sinceramente, que ahora soy mejor persona. Cuando alguien me maltrata en la escuela o se burla de mí, no me afecta gracias a lo que has enseñado a tus pequeños monstruos. Ya no soy aquella chica insegura que era antes.

Siempre que presencio una injusticia intento detenerla, porque sé que esto te haría sentirte orgullosa. Siempre que vivo una circunstancia difícil, me digo: «¿Qué haría Gaga?», porque ésa será SIEMPRE la mejor manera de encajar una situación...

Con cariño y garras arriba, tu pequeña monstruo
LIZA, Minnesota

Ésta es solamente una de las miles de cartas de fans que podemos encontrar en la web, sobre todo en Tumblr. En el momento de escribir estas líneas, hacer una búsqueda en Google de la frase «Gaga cambió mi vida» da 3.880.000 resultados. Los resultados de la búsqueda contienen posts muy emotivos de Tumblr, otros colgados en blogs, tuits, vídeos y posts en Littlemonsters.com, y provienen de fans que cuentan a Gaga cómo ha mejorado sus vidas. Muchos de los fans cuentan que se sentían mal consigo mismos, y que la música de Gaga y su mensaje, además de su forma de vivir la vida, les ha inspirado. Como en el colegio la acosaron, algunos sienten un vínculo con ella porque también han pasado por esa experiencia. Sienten que es una de ellos. «Los fans dirigen la música.[10] Y resulta que muchos de mis fans han compartido conmigo sus historias», ha dicho Gaga.

He viajado por todo el mundo, y cada noche, cuando acababa el espectáculo, me bajaba del escenario y me sacaba fotos con la gente y firmaba autógrafos. A veces, cuando hacía mucho, mucho frío, invitaba a 30 fans al autocar y les daba chocolate caliente y Cheetos. Les preguntaba cómo estaban, y me decían: «Mi padre me ha echado de casa porque soy gay». Conocí a fans a los que habían dado palizas fuera del colegio, o que tuvieron que cambiarse de instituto porque se burlaban de ellos por ser gordos. Podría contar muchas historias por el estilo. Pero hasta que compartieron conmigo sus experiencias no me di cuenta de cómo me parecía a ellos, y empecé a revivir todos los problemas que tuve de adolescente.

Por tanto, ver que una de ellos ha superado sus obstáculos y se ha convertido en la estrella más grande del pop mundial les da esperanza. Me sorprende lo emocional y personal que es el vínculo entre ella y los fans, dado que ellos no la han conocido en persona. Creo que esto tiene que ver con su transparencia y su accesibilidad a los fans. Esto es una gran lección para las empresas, sobre todo las grandes, que esperan crear vínculos emocionales con sus clientes. La transparencia y la accesibilidad son clave para ayudar a los clientes a entender cómo usted intenta mejorar sus vidas.

Producir grandes efectos

Sus valores deberían amplificarse. Es decir, deberían afectar a muchas personas. También podrían afectar a relativamente pocas pero, aun así, a la mayoría de un grupo reducido. Para Gaga esto significa comprometerse no sólo con ayudar a sus fans, sino a los chicos y chicas que son como ellos, que han sufrido acoso escolar y carecen de confianza en sí mismos. «Tiene que ver con la sociedad,[11] pero también con jurar una cierta lealtad a tu base de fans», explicó Gaga en una entrevista concedida al *Huffington Post*. «No es decir "Gracias por comprar mi disco, que te den". Es más bien decir "Gracias por comprar mi disco; ahora viviré y moriré y alentaré mi trabajo y mi arte para proteger tus sueños, porque tú proteges los míos".»

En noviembre de 2011, Gaga anunció que creaba una organización sin ánimo de lucro llamada Born This Way Foundation, cuya misión es respaldar a la juventud ofreciéndole un servicio de mentores y de desarrollo profesional, y centrándose en temas como la asertividad, el bienestar y la oposición al acoso escolar. La Born This Way Foundation se estableció en sociedad con la Universidad de Harvard, el California Endowment y la MacArthur Foundation. Gaga nombró presidente a su madre, Cynthia Germanotta. Gaga había definido la fundación como un proyecto apasionado para ella y para su madre, diciendo: «Juntas esperamos[12] crear un estándar de Coraje y de Amor, además de una comunidad internacional que proteja y sostenga a quienes padecen el acoso escolar y el abandono».

Aunque Gaga no lo ha dicho públicamente, es posible que

su pasión por hacer algo grande y crear una fundación se deba a un fan en concreto, Jamey Rodemeyer. Rodemeyer, un fan apasionado de Gaga,[13] era un chico de catorce años abiertamente gay, procedente de Búfalo, Nueva York, conocido por su activismo en YouTube contra la homofobia. La inspiración de Rodemeyer para ayudar a otros provino de Gaga, y él a menudo hacía referencia a ella en sus vídeos y citaba sus letras para proporcionar una guía a otros. Incluso hizo un vídeo para el proyecto It Gets Better Project, una organización sin ánimo de lucro que tiene una página web dedicada a prevenir el suicidio entre adolescentes, diciendo que Lady Gaga siempre le había hecho feliz al hacerle saber que él «nació así». En septiembre de 2011 Jamey, incapaz de seguir tolerando el acoso escolar incesante, se suicidó. Su último mensaje de Twitter fue para su ídolo: «@ladygaga adiós mamá monstruo,[14] gracias por todo lo que has hecho, garras arriba para siempre». Gaga se quedó desolada por la noticia, y tuiteó sobre Jamey diciendo: «Me he pasado los últimos días[15] reflexionando, llorando y gritando». Añadió: «¡Siento tanta rabia! Es difícil sentir amor cuando la crueldad le arrebata la vida a alguien». Prometió a sus fans que lucharía promoviendo leyes en contra del odio manifiesto en el acoso escolar, y se reuniría con el presidente Obama para debatir este asunto. Cumplió su promesa, y ese mismo mes trató este tema con el presidente en una entrevista privada. Gaga estudió el problema del acoso escolar y cómo erradicarlo. Empezó a entender que ninguna ley puede cambiar de verdad el comportamiento de las personas. Tendría que intentar cambiar la cultura. No es una empresa imposible para una mujer a la que *Time* consideró una de las personas más influyentes del mundo.

La Born This Way Foundation se inauguró en la Universidad de Harvard en febrero de 2012. Gaga reclutó a diversas personalidades[16] para que hablasen en el discurso inaugural, entre ellas Oprah Winfrey, Deepak Chopra, y Kathleen Sebelius, secretaria de Sanidad y Servicios humanos de la administración Obama. Gaga también solicitó que hablase la hermana de Jamey Rodmeyer, Alyssa. «Éste es el principio de un nuevo movimiento...[17] Es como Mothers Against Drunk Driving, es como el movimiento antitabaco, que intentan concienciar a las personas para que se den cuenta de que todo tiene un límite», dijo Oprah antes de la inauguración. «Lady Gaga ha usado su fama[18] y su posición como artista para crear Little Monsters y su tremendo programa contra el acoso escolar. He actuado de asesora para su fundación, y he sido testigo de cómo ha podido impactar positivamente en millones de personas por medio de sus redes sociales. Tiene la capacidad única de hacer sentir a las personas que ser diferente está bien.» Gaga se dirigió a la multitud, que excedía de la capacidad del local y estaba formada, entre otros, por voluntarios de institutos de secundaria y de universidades locales que trabajaban en la fundación, diciéndoles que el cambio empieza por abajo, por ellos. «Todo esto no es más[19] que deciros que el poder está en vuestras manos —dijo—. ¿Cómo podemos reunirnos con los mejores expertos del mundo, que sois vosotros, y descubrir todas esas maneras sorprendentes de insuflar en la cultura amor, aceptación y tolerancia?» Y siguió diciendo: «Hoy no he venido[20] a daros una respuesta. La cultura del amor no va a cambiar de la noche a la mañana, por lo que tenemos que empezar poco a poco. Pero vosotros sois la respuesta. Sois el futuro».

Cuando un miembro de la mesa redonda le preguntó sobre la tarea descomunal de cambiar la cultura y sobre cuánto tiempo creía ella que sería necesario para que su fundación obtuviera resultados reales, le contestó: «Podría tardar cincuenta años.[21] Me importa un bledo si para entonces ya estoy muerta. Sólo me interesa que suceda».

Catalizar los actos altruistas

Las causas poderosas hacen que hasta las personas normales hagan cosas especiales. Las personas se ofrecen voluntarias, atraen a otras y hacen todo lo que pueden por compartir la causa con todos sus conocidos. En el caso de las empresas, esta dimensión se manifiesta en la pasión con la que los clientes recomiendan voluntariamente sus productos y servicios a sus amigos y colegas. Los clientes se convierten en patrocinadores, cantando las virtudes de un producto o de una compañía que ha cambiado sus vidas para bien. En el caso de Gaga, su ejército de pequeños monstruos está inspirado para cambiar el mundo con ella.

Uno de estos pequeños monstruos[22] es Jacques St. Pierre, de diecisiete años. St. Pierre es presidente del consejo escolar de la Etobicoke School of the Arts en Toronto, Canadá, y dice que el programa que presentó para acceder a la presidencia se basó en la igualdad, la oposición al acoso y la extensión del mensaje de que todo el mundo es digno de amor, independientemente de quiénes o qué sean. St. Pierre padeció varios años acoso escolar en la escuela primaria, y quería hacer algo al respecto. «Me llamaban el gay,[23] el marica, porque me gus-

58

taba participar en las obras de teatro del colegio —declaró a la Canadian Broadcasting Company—. Perdí a mi mejor amigo cuando se puso de parte de los acosadores. No es divertido, ya he estado ahí, he sido acosado. Antes de esa experiencia, no sabía que el acoso pudiera afectar tanto a una persona.» St. Pierre organizó una asamblea escolar en torno al tema del antiacoso, y consiguió que sus compañeros de estudios se apegaran a su causa, alistándolos para combatir el problema. También envió e-mails a docenas de celebridades, pidiéndoles que les ayudaran como bien pudieran. La mayoría de e-mails quedaron sin respuesta. Excepto el que había enviado a Gaga.

«En el apartado de Asunto decía:[24] "A Jacques de Lady Gaga"», explicó St. Pierre. «Decía: "Clica en el link de abajo para acceder a un vídeo para tu asamblea". Así que, sin hacer preguntas, Lady Gaga nos envió un vídeo. Lo visualicé y me eché a llorar. Soy un gran fan de ella. Me sentía avergonzado, porque la quiero mucho. No me lo podía creer.» En el vídeo Gaga alababa a St. Pierre por su trabajo para combatir el acoso escolar, sobre todo el dirigido contra los estudiantes gays y lesbianas. «Sólo quería decirte[25] lo orgullosa que estoy de ti por defender con tantas fuerzas la comunidad de gays y lesbianas en tu centro», decía en el vídeo. «Debería haber más pequeños monstruos como tú.» Y añadía: «Mi padre siempre guarda todas las cartas que me envían los fans, y cuando leí la tuya quise enviarte este vídeo. Es importante que ampliemos las fronteras del amor y la aceptación».

Los compañeros de St. Pierre se sintieron conmovidos por el mensaje poderoso de la asamblea. Un compañero comentó: «Empiezo a darme cuenta[26] de verdad de la dimensión que tiene este problema, y quiero marcar una diferencia ya». Otro alumno dijo: «Me encanta Lady Gaga,[27] y significa mucho para mí que haya podido hacer esto para respaldarnos en nuestro esfuerzo». St. Pierre dice que se sintió maravillado por recibir el apoyo de alguien tan mediático. «Pequeños o grandes, todo el mundo sabe quién es Lady Gaga, porque es todo un personaje y hace muchas cosas para oponerse al acoso escolar, por todos los medios que puede. Y alguien tan inspirador como ella dedicó 20 minutos de su tiempo a escribir un discurso, sentarse delante de un apuntador visual, grabarlo todo y leérnoslo directamente en nuestra escuela. Es fantástico.»

Catalizar los actos altruistas significa que aquellos a quienes inspira la causa amplifican el mensaje por medio de sus actos. No se sorprenda por la gran cantidad de cosas que harán los clientes a su favor si creen en su causa.

Polarizar a las personas

Las causas que desafían la norma pueden generar sentimientos intensos. A la gente le entusiasman o las odian. Ésta es una buena prueba para su causa. ¿Le importa a alguien? ¿Ha motivado a alguien a actuar? Lo positivo viene mezclado con lo negativo, sobre todo en el Salvaje Oeste que son los comentarios de YouTube. Las personas pueden ser implacables en los medios sociales al hablar de cosas con las que discrepan. Gaga cree en el dicho: «Si no cabreas a alguien, es que no haces bien tu trabajo». No tiene miedo de defender aquello en lo que cree, incluso si hay personas que discrepan poderosamente.

En una entrevista sobre las respuestas positivas y negativas al mensaje de «Born This Way», Gaga dijo a Oprah:

¿Sabes cuándo sabes[28] que has tocado la fibra sensible? Cuando no todo el mundo agita un banderín donde pone «Quiero a Gaga». Recoges un montón de «La quiero» y un montón de «La odio». Y también de «No lo entiendo», «Qué es esta gilipollez» y «Explícamelo». Y dije: ahí está, he puesto el dedo en la llaga... Tienes que poner el dedo en la llaga... es como un volcán. A menos que suceda algo inusual, no entra en erupción. Tiene que emerger, tiene que explotar. No me interesa hacer música pop indiferente ni esfuerzos filantrópicos a medio gas. No me interesa reunir dinero y luego invertirlo en una organización que ni siquiera sé de qué va. Lo que quiero es meter el dedo en la llaga una y otra vez, para inducirte a hablar, para que puedas formar parte de este mensaje que lo cambiará todo.

Gaga ha sido el blanco de diversas protestas durante su carrera, sobre todo entre los grupos religiosos extremistas. Como mencioné anteriormente, los extremistas islámicos en Yakarta, Indonesia, amenazaron con recurrir a la violencia si celebraba el concierto previsto en su ciudad. Unos jóvenes cristianos de Filipinas protestaron contra la gira de Gaga, diciendo que les ofendía su música, en especial el tema «Judas», que según afirmaban se burla de Jesucristo. Diversos grupos cristianos en Corea del Sur también protestaron contra sus conciertos, afirmando que sus canciones fomentan la homosexualidad y la pornografía. Una organización con sede en Estados Unidos[29] llamada Florida Family Association (FFA), cuyo objetivo es «educar a las personas sobre lo que pueden hacer para defender, proteger y fomentar los valores tradicionales y bíblicos», condenó abiertamente la asociación de Born This Way Foundation y Office Depot. A la organización le molestó que Office Depot comercializara una línea de productos escolares que llevan el mensaje de la fundación, y que donase a ésta un 25 por ciento de los beneficios, con un donativo asegurado de un millón de dólares. Aparentemente, la FAA temía[30] que los productos, que incluían notas Post-it donde se leía el mensaje «Sé tú mismo», «influyese en muchos adolescentes para que aceptasen su homosexualidad de por vida, pudiendo haber superado su crisis con resultados positivos». Ni Office Depot ni Gaga respondieron formalmente a estos comentarios.

A Gaga no le arredran las protestas, y ha aprendido a tomarse con calma a los críticos. Cuando una fan le dio las gracias[31] a través de Twitter por ayudarla a enfrentarse a los acosadores, ella le respondió: «Es más fácil de lo que piensas. Tengo que ver cómo la gente dice cosas malas de mí, a veces públicamente. Siente empatía por su rabia». Ha dicho a sus fans[32] durante el Born This Way Ball Tour que recientemente ha descubierto muchas cosas sobre la negatividad y las personas que intentan hundirte. Dice que no quiere contraatacar porque es más importante centrarse en sus fans y componer música. La lección que nos enseña esto es que cuando usted intente cambiar el status quo o la norma de la industria, a algunas personas no les gustará. A esas personas no se las puede convencer. No malgaste tiempo ni energías en ellas. En cambio, concéntrese en su causa, en lo que produce y en sus clientes.

Lo que todos deseamos y buscamos son experiencias e interacciones plenas de sentido. Las compañías de mayor éxito lo entienden, y han descubierto maneras de ser conscientes del sentido de lo que hacen, y de asegurarse de transmitirlo por medio de sus productos, servicios y relaciones con los clientes; en realidad, forma parte integral de lo que hacen y venden.

Ahora que conocemos las cinco dimensiones de una causa, podemos analizar más a fondo por qué es importante que usted, en todo lo que haga, se centre en sus creencias fundamentales.

Por qué es importante empezar preguntando POR QUÉ

El escritor Simon Sinek explica estupendamente bien por qué algunos líderes y compañías forjan vínculos emocionales con los clientes (o, en el caso de Lady Gaga, los fans) y otras no. En su libro *Start with Why: How Great Leaders Inspire Everyone to Take Action*, Sinek usa un modelo llamado el Círculo de Oro para explicar su teoría. Veamos cómo define las tres capas del círculo (ver Fig. 2.1):

QUÉ: Cada compañía [33] y organización de este mundo sabe QUÉ hace. Esto es así independientemente del tamaño de la empresa o del sector industrial. Todo el mundo puede describir fácilmente los productos o servicios que vende una compañía o la función laboral que tienen dentro de ese sistema. El QUÉ es fácil de identificar.

Figura 2.1. El modelo del Círculo
de Oro de Simon Sinek

CÓMO: Algunas compañías y personas saben CÓMO hacen LO QUE hacen. Da lo mismo que lo llamen «propuesta de valor diferenciadora», «proceso de patente» o «propuesta única de venta»; el CÓMO se ofrece a menudo para explicar en qué sentido algo es diferente o mejor que otras cosas.

POR QUÉ: Muy pocas personas o compañías pueden especificar POR QUÉ hacen LO QUE hacen. Cuando digo POR QUÉ no pretendo ganar dinero: eso es un resultado. Al decir POR QUÉ quiero saber cuál es su propósito, causa o creencia. ¿POR QUÉ existe su empresa? ¿POR QUÉ se levanta de la cama cada mañana? ¿Y POR QUÉ debería importarle a nadie que lo haga?

La mayoría de empresas piensa, actúa y se comunica de afuera hacia dentro, del QUÉ al PORQUÉ. Es el camino más fácil: pasar de lo más claro a lo más difuso. Sinek concluye que: «Normalmente decimos QUÉ hacemos, a veces decimos CÓMO lo hacemos, pero pocas veces decimos POR QUÉ hacemos LO QUE hacemos. Los líderes y las compañías inspiradores piensan, actúan y se comunican de dentro hacia afuera. Su punto de partida es el PORQUÉ».

Sinek explica las diferencias entre estas dos orientaciones mediante la aplicación del círculo de oro a un mensaje de marketing hipotético procedente de Apple. He elaborado una tabla usando sus ideas clave para alcanzar nuestro propósito actual (ver Fig. 2.2):

De fuera adentro: Partiendo del QUÉ	De dentro afuera: Partiendo del PORQUÉ
• Fabricamos unos ordenadores estupendos. • Tienen un diseño atractivo y son fáciles de usar. • ¿Quiere comprar uno?	• Todo lo hacemos creyendo que hay que desafiar el status quo. • Creemos en pensar de otra manera. Nuestra manera de retar el status quo es creando un diseño atractivo para nuestros productos, y haciendo que sean fáciles de usar. • Además, fabricamos unos ordenadores estupendos. • ¿Quiere comprar uno?

Figura 2.2. Un mensaje de marketing hipotético de Apple.

Compare estos dos enfoques. Provocan una sensación distinta, ¿no? ¿Cuál de los dos le induce más a comprar un ordenador Apple? El enfoque de fuera adentro es el que adopta la mayoría de las empresas. Este enfoque pretende construir un argumento racional para defender por qué su compañía o su producto es mejor que el de sus competidores. Pero Apple no es como la mayoría de empresas. Desde el principio, Steve Jobs fue un líder apasionado que creyó en desafiar el status quo, introduciendo en Apple su PORQUÉ. La capacidad que tiene Apple de crear productos atractivos que transforman la industria nace directamente del POR QUÉ. Al desafiar el status quo, Jobs empleó a diseñadores y a ingenieros que «pensaban diferente», y creó productos que no tenían el aspecto ni funcionaban como los demás ordenadores de la industria.

La moraleja: las personas no compran LO QUE usted hace, sino el POR QUÉ lo hace.

Por eso tenemos que empezar con el PORQUÉ. El POR-QUÉ es mayor que LO QUE vendemos. El QUÉ apela a la parte racional y analítica del cerebro. El PORQUÉ es atractivo para esa parte del cerebro en ocasiones irracional que gestiona los sentimientos y la lealtad. Ésta es la parte del cerebro que toma las decisiones, incluyendo qué producto hemos de comprar o con qué organización haremos negocios. Éste es el motivo de que no sólo tengamos que conquistar las mentes de los clientes, sino también sus corazones. La mayoría de empresas sabe bien cómo conquistar la mente; esto no requiere nada más que una comparación de las características y las ventajas de los productos. Sin embargo, para conquistar el corazón hace falta esforzarse más.

Por lo tanto, si aplicamos el círculo de oro de Sinek a Gaga, éste sería el aspecto que tendría (ver Fig. 2.3):

Elementos del círculo de oro	Círculo de oro de Gaga
POR QUÉ	Transformar la cultura para crear un mundo más amable y valiente donde todo el mundo sea valorado.
CÓMO	Vivir la vida como una *performance*, incluyendo la moda vanguardista y las actuaciones icónicas, para llamar la atención sobre la causa.
QUÉ	Escribir e interpretar música pop pegadiza.

Figura 2.3. El PORQUÉ-CÓMO-QUÉ de Gaga

El RI de empezar con el porqué

El hecho de tener un PORQUÉ inspirador en el centro de su compañía no sólo le hace sentir bien; también tiene sentido desde el punto de vista comercial. Si su director no está convencido de por qué quiere usted centrarse en su PORQUÉ, muéstrele la siguiente investigación de un especialista en mercadotecnia. Un estudio realizado por Jim Stengel, ex director mundial de marketing en Procter & Gamble, y por Millward Brown Optimor, una empresa de investigación mundial sobre el marketing, ilustra el retorno de inversión que arroja empezar con el PORQUÉ, aunque ellos denominan este concepto con el término «ideales». Stengel y Millward Brown identificaron y analizaron las cincuenta marcas que crecieron más rápidamente entre 2000 y 2010 en términos de valor y preferencia de los clientes. Incluso colaboraron con la unidad de neurociencia de Millward Brown para realizar pruebas de asociación implícita para evaluar con qué rapidez asocian las

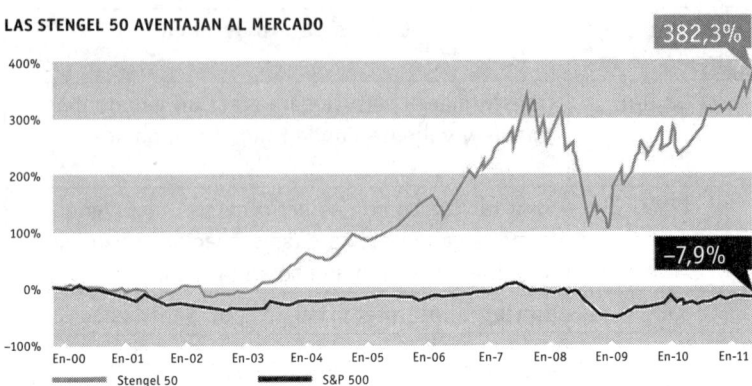

LAS STENGEL 50 AVENTAJAN AL MERCADO

Figura 2.4. Las compañías que dirigen con valores aventajan al mercado.

personas unas palabras con unas marcas. Su investigación, que inicialmente incluía a cincuenta mil empresas de todo el mundo, demostró que las personas asociaban más rápidamente las Stengel 50 (las cincuenta primeras empresas de la lista en el estudio de diez años) con sus ideales (o propósito) de lo que lo hacían con otras. Los resultados del estudio fueron sorprendentes: las compañías que se centraban en el ideal de mejorar la vida de los clientes aventajaban con creces al resto del mercado. «Cuando analizamos la situación a ese nivel [...] descubrimos una y otra vez que las empresas que crecen más rápido en el mundo se organizan en torno al ideal de mejorar las vidas de las personas, y activan esos ideales por medio de sus ecosistemas empresariales», dice Stengel. El estudio demostró que la inversión en las empresas Stengel 50 hubiera sido un 400 por ciento más rentable que la inversión en las Standard & Poor (S&P) 500 (véase Fig. 2.4).

«El hecho que contradice la razón[34] es que hacer lo correcto en su negocio es hacer lo correcto por su negocio. Quienes aceptan este hecho son quienes dominan sus categorías, crean categorías nuevas y maximizan sus beneficios a largo plazo», dice Stengel. El grupo Stengel 50 incluye empresas como Amazon, Apple, Chipotle, Discovery Communications, Innocent, L'Occitane, Method, Red Bull, Seventh Generation, Stoneyfield Farm, y Zappos. En su libro[35] *Grow: How Ideals Power Growth and Profit at the World's Greatest Companies*, Stengel bosqueja los «ideales» de cada una, tal y como las perciben él y Millward Brown. Lea el libro de Stengel y su lista completa de las cincuenta empresas, y vea con cuántas de esas marcas se identifica usted. Es posible que al principio centrarse en el PORQUÉ resulte difuso, pero las cuentas salen. Para nuestro propósito en este capítulo consideraremos dos grandes ejemplos de compañías que ponen el PORQUÉ en primer lugar: Whole Foods y Method.

Ejemplo de negocio: Whole Foods Market

Whole Foods Market ha prosperado como empresa porque ha edificado su negocio sobre la creencia de que si las personas consumen alimentos naturales y orgánicos vivirán más sanas y felices. Ése es su PORQUÉ. El fundador y director de Whole Foods,[36] John Mackey, cree que «las empresas que son más conscientes de marcar una diferencia positiva en este mundo hacen que este planeta sea un lugar mejor, sólo por el hecho de estar en él». Él bautiza como «capitalismo consciente» este concepto de las compañías con fines de lucro que dirigen con los valores y un propósito más elevado. Su teoría subraya la importancia de todos los «participantes interesados» e interdependientes de una compañía: empleados, clientes, accionistas, proveedores, la comunidad y el medio ambiente. Cuando los intereses de todas estas partes se insertan en las decisiones que toma la compañía y se ponen en línea, todos (incluso la idea esencial, y no por casualidad) prosperarán. Desde cualquier punto de vista Whole Foods, a pesar de sus altibajos recesionarios, ha progresado. Desde sus humildes comienzos en 1980[37] como una tienda pequeña de alimentos naturales en Austin, Texas, Mackey ha convertido su cadena de establecimientos en un coloso, y obtiene unos beneficios anuales de 10.100 millones de dólares, tiene 331 puntos de venta en todo el mundo y 64.200 empleados. Ocupa la posición 264[38] en la lista de Fortune 500.

El lema de Whole Foods («Alimentos completos, personas completas, planeta completo») enfatiza una visión que va mucho más allá que ser un vendedor de alimentos. La compañía comparte el mensaje tras su lema en todos sus informes anuales, incluyendo los siguientes puntos en la segunda página de los documentos:

LA FILOSOFÍA DE NUESTRA PARTE INTERESADA:[39]

Nuestros «resultados» dependen, en última instancia, de nuestra capacidad de satisfacer a todas nuestras partes interesadas. Nuestro objetivo es equilibrar las necesidades y los deseos de nuestros clientes, miembros de equipo, accionistas, proveedores, comunidades y medio ambiente, mientras creamos valor para todos. Al aumentar la tarta colectiva, creamos porciones más grandes para todos nuestros interesados. Nuestros valores fundamentales reflejan este sentido de destino colectivo, y son el alma de nuestra compañía.

NUESTROS VALORES FUNDAMENTALES:

Vender los productos naturales y orgánicos **de mayor calidad** que sea posible

Satisfacer y complacer a nuestros clientes

Respaldar la **felicidad** y la **excelencia** de los miembros del equipo

Generar **riqueza** por medio de los beneficios y el crecimiento

Cuidar de nuestras **comunidades** y del medio ambiente

Crear **sociedades en las que todos ganen** con nuestros proveedores

Fomentar la salud de nuestros interesados por medio de **la educación sobre hábitos alimentarios saludables**

El codirector de Whole Foods, Walter Robb, en una entrevista con Bonnie Azab Powell, periodista especializada en alimentación, negocios y tecnología, explica que la compañía subraya el objetivo de dirigir con valores: «Mire, empezamos cuando esto[40] era muy, muy pequeño, y el negocio partió de la creencia de que podemos marcar una diferencia en el mundo. Esta venta al por menor nace en nuestra alma. Nace del deseo de introducir cambios en el mundo, nada menos que eso. No se basa en el dinero ni en el prestigio, sino en el deseo de marcar una diferencia en el mundo. En el sentido de tener una misión».

Cuando Powell le aguijoneó preguntándole: «En un artículo reciente escribió:[41] "No somos minoristas con una misión, sino misioneros que venden al por menor". Explique la diferencia». Entonces Robb respondió:

El centro más profundo de Whole Foods, su corazón, si quiere llamarlo así, es esta misión de la filosofía sobre los interesados. Si lo expreso en términos sencillos sería: uno, cambiar la manera en que se alimenta el mundo, y dos, crear un entorno laboral basado en el amor y en el respeto... Algunas personas piensan que esto es decir: «Vamos a hacer nuestro trabajo y luego ya tendremos un departamento de responsabilidad corporativa». Lo que quiere decir en realidad es que usted funciona de manera responsable, que no escapa a su funcionamiento normal, pero que lo ha integrado con quién es usted y con su funcionamiento diario como empresa.

Tener unas creencias como ésta en el meollo de la filosofía empresarial ha concedido el éxito a Whole Foods en lo tocante a los beneficios y a la introducción de cambios positivos en el mundo. Desde 2007, Whole Foods[42] figura en la lista de empresas más éticas del mundo del Ethisphere Institute, como una de sólo las tres compañías estadounidenses incluidas en la categoría de alimentos al por menor que aparecen en la lista. La metodología para el ranking de las empresas más éticas incluye examinar los códigos éticos y los historiales de litigios e infracciones del reglamento, evaluar las inversiones en innovación y en prácticas de negocio sostenibles, examinar las actividades diseñadas para mejorar la ciudadanía corporativa, y estudiar las propuestas de directivos generales, otros trabajadores del ramo, proveedores y clientes. Este ranking de las empresas más éticas demuestra que a Whole Foods se la conoce por respaldar el PORQUÉ. Los valores esenciales de Whole Foods son el centro de su filosofía empresarial, que forma parte integral de su éxito.

A los clientes no sólo les gusta lo que vende Whole Foods; conectan con el PORQUÉ la compañía vende lo que vende. Un comentario de un cliente en Epinions.com recomienda a otros que compren en Whole Foods diciendo:

> Antes de entrar en detalles,[43] quiero decir que en Whole Foods puede encontrar casi todo lo que encontrará en su supermercado. Sin embargo, no reconocerá un noventa y cinco por ciento de las marcas a menos que sea un cliente de alimentos de alto nivel. Entonces, ¿por qué pagar más por marcas de las que nunca ha oído hablar? En mi caso, lo hago debido a la lista de ingredientes inaceptables para Whole Foods. Cuando visite una de estas tiendas, no encontrará en sus alimentos ninguno de ellos [los ingredientes inaceptables]. No soy médico ni nutricionista, ni nada por el estilo. Simplemente, me siento mejor al saber que esos ingredientes no forman parte de mi dieta.

Ejemplo de negocio: Method

Method, la empresa de productos de limpieza ecológicos, ofrece otra oportunidad de examinar una compañía que se condujo con valores desde el mismo día de su fundación. Según la página de Facebook de Method:[44]

Method lo crearon en el año 2000 (dicho sea de paso, en el apartamento más sucio de todo San Francisco) Adam Lowry y Eric Ryan, sus orgullosos padres intelectuales y los primeros en contra de la suciedad™ [...] Nuestro negocio consiste en transformar los negocios. Nuestro reto consiste en asegurarnos de que todos los productos que ofrecemos al mundo sean pequeños agentes del cambio medioambiental, usando materiales seguros y sostenibles, y fabricados con responsabilidad. Y esto conlleva la ausencia de pruebas en animales. En esencia, estamos aquí para hacer productos que le beneficien tanto a usted como al planeta.

Y el PORQUÉ de Method no está restringido a ayudar al mundo por medio de la limpieza ecológica. También se centra en demostrar cómo el diseño artístico y la atención a la belleza pueden ayudar a convencer a más personas de que adquieran productos ecológicos; habitualmente, las personas que no lo hacen tienen dos motivos: que no consideran que eso sea un valor inmediato y que a lo mejor piensan que «ecológico» significa que el producto no funcionará tan bien como otro que contiene productos químicos potentes y tóxicos.

Lynn Dornblaser, que analiza[45] las tendencias en los productos de consumo en la empresa investigadora mundial Mintel, dice: «Method cambió el punto de vista de los consumidores; antes pensaban que "Este [producto de limpieza] es necesario pero no es atractivo", y ahora opinan que "Esto es casi una obra de arte, que quiero que vean todos los que entren en mi casa". Han atraído a clientes que no habían pensado en los limpiadores ecológicos, induciéndoles a entrar por la puerta de atrás». Los productos y los envases de Method, un diseño original del prestigioso diseñador industrial Karim Rashid, ganador de numerosos premios, y que ahora se diseñan en la misma empresa, figuran en tiendas de todo el país, incluyendo Whole Foods, Staples, Target y Duane Reade.

Method empezó su negocio con el PORQUÉ y luego pasó al CÓMO y al QUÉ. Les motivaba el deseo de crear algo que beneficiase tanto al ser humano como al medio ambiente, y esta motivación ha conectado emocionalmente con sus clientes. Este vínculo sigue siendo un éxito para Method, incluso a pesar de que el número de clientes que compraban productos verdes se ha reducido debido a la crisis. Según un artículo del *New York Times* de abril de 2011, titulado «Los consumidores recortan gastos y los "productos verdes" pierden terreno», las ventas de los productos de limpieza ecológicos de las grandes marcas, como Clorox y S. C. Johnson, se han reducido drásticamente durante los últimos años. Stephen Powers, un analista[46] que estudia este sector en Sanford C. Bernstein & Company, explica: «Se percibe un impacto desproporcionadamente negativo de productos como [Clorox] Green Works en las grandes empresas de primera categoría que han intentado recubrir con un barniz ecológico algunos de sus productos tradicionales, mientras que los participantes en nichos de mercado que siguen siendo independientes han mejorado relativamente sus beneficios». Powers siguió diciendo[47] que «las ventas se mantuvieron en marcas más pequeñas y caras como Method y Seventh Generation porque sus clientes tienden a disponer de más dinero y estar más comprometidos con las causas medioambientales». En 2010, después de pasar todo el año 2009 sin crecimiento alguno, Method manifestó un crecimiento de dos cifras. Las grandes empresas de productos para el consumo copiaron el QUÉ, si usamos el modelo de Sinek; pero no dirigían creíblemente con el valor que es cambiar el mundo para bien, y no copiaron el CÓMO de Method: usar un diseño agradable para atraer a los clientes a sus envases.

El cofundador de Method, Eric Ryan, explicó su punto de vista sobre este tema. «No es que los productos de limpieza ecológicos no funcionen,[48] de ninguna manera [...] es que los jugadores que han entrado en la zona verde no lo hacen con sinceridad», afirma. Admite que las grandes marcas[49] como Clorox Green Works y Arm & Hammer Essentials «ayudaron a ampliar la categoría de productos de limpieza ecológicos mediante los precios bajos, [pero si] estas empresas quieren atraer a clientes que compren de nuevo, tienen que convencerlos de que su proceder es algo más que un posicionamiento de marca, algo que pueden conseguir si hacen que a sus clientes les preocupe lo que compran».

Uno de esos clientes es Taylor, una «mamá» bloguera. En su blog *Stain Removal 101*[50] dice:

Yo misma me he sentido tentada a comprar productos Method cuando los veía en la estantería, sólo porque son tan brillantes, coloridos y bonitos [...] Hace poco me enteré de que los colorantes que usa Method para sus productos de limpieza también respetan el entorno. Quieren que el diseño y la estética de los productos atraigan a la gente, y ayudarles a disfrutar de los productos, pero siguen teniendo en mente la misión primordial de la limpieza ecológica. Guay, ¿eh? La verdad es que me impresionó.

No es casualidad que las empresas como Method sigan teniendo éxito mientras otras compañías del mismo ramo no lo hacen. El compromiso con una causa y una idea que es más grande que lo que venden motiva e inspira a propietarios y a empleados a seguir buscando maneras innovadoras de convencer a las personas de que sus productos representan no solamente algo que comprar, sino una causa en la que merece la pena invertir. En su libro *Grow*, Stengel dice:

> El ideal, el beneficio de alto nivel[51] que ofrece el negocio al mundo, se fundamenta en su herencia, que parte del motivo inicial que tiene la compañía para existir, su visión fundadora para mejorar activamente la calidad de vida de la gente y a la que se añaden cosas con el paso del tiempo. Cuando los cofundadores Eric Ryan y Adam Lowry empezaron su negocio, tenían muy claro que su objetivo no era crear un producto o un servicio, sino hacer realidad un ideal transformador. Querían estructurar un ideal que congregase a las personas.

Y como dice Eric Ryan a Stengel:[52] «Como seres humanos, todos queremos formar parte de algo más grande de quiénes y qué somos. Cuando usted estructura un ideal y crea una causa, da a las personas, y me incluyo entre ellas, la capacidad de hacer muchísimo más [...] Este ideal y esta misión comunes son una motivación para todo el mundo:

fundadores, empleados, socios con los que trabajamos, consumidores».

|||||||||||||||||||||

Como en el caso de Lady Gaga, Whole Foods y Method no sólo venden una mercancía, no sólo venden productos, y no se limitan a crear una marca. Imaginan cómo convertir aquello que les apasiona y aquello en lo que creen en algo que apasione también a otros, de manera que convenzan a otras personas de que crean en ello. Entienden que si se limitan a intentar vender algo por el hecho de venderlo, con el único objetivo de obtener beneficios, no convencerán a la gente durante mucho tiempo. Quizá consigan que la gente pruebe una vez sus productos, pero no fomentarán en ellos la pasión para correr la voz. Además, tampoco tendrán clientes o fans de por vida. Cuando usted parte de el PORQUÉ, parte de una idea tan poderosa que convencer a los clientes de que crean en ella resulta mucho más fácil. En el capítulo siguiente veremos cómo hacer que los clientes a los que ha convencido del valor intrínseco de su negocio le ayuden a forjar una comunidad de evangelistas.

Construya comunidad

«El instrumento que nunca he aprendido[1] a tocar han sido mis fans. Son la parte de la historia que nadie te enseña. Yo sólo quiero hacer lo que está bien; quiero ser una voz con ellos, entre ellos.»

LADY GAGA

Gaga no ve a sus fans como carteras andantes, clientes que no hacen otra cosa que comprar sus discos, entradas para sus conciertos y *merchandising*. Sabe que sus fans la convierten en un éxito, de modo que se toma muy en serio la relación con ellos. Sabe que es importante conseguir que la experiencia de cada fan tenga un sentido y sea memorable, con objeto tanto de conservar a sus fans como forma de cultivar relaciones con nuevos fans potenciales. Cuando aquellos que aún no son pequeños monstruos ven cómo se relaciona Gaga con quienes lo son, es más probable que también deseen tener una relación tan significativa. Como podrá ver al leer la carta que incluyo a continuación, Anja, una fan a ultranza de Gaga, se apoya en la comunidad de pequeños monstruos para que la ayude a manejarse en este mundo y a no estar tan sola, y siente un vínculo muy intenso con otros fans.

Ya desde aquella primera vez[2] en que llamaste a [tus] fans pequeños monstruos creaste con nosotros un vínculo muy especial. Nos dimos cuenta de que siempre hay alguien que está ahí fuera para nosotros. Así, cada vez que me siento abatida, tengo a alguien con quien hablar, alguien con quien comparto unos intereses parecidos, y doy las gracias a Dios por ello. ¡Quién sabe qué me pasaría si tuviera que tragarme sola todos los marrones que me endilga el mundo!

ANJA, 15 años, Eslovenia

El primer paso para la construcción de una comunidad consiste en encontrar un hilo común que reúna a las personas. Las experiencias comunes que han tenido los miembros del grupo definen en qué se centra aquel, y posibilitan que sus miembros se respalden mutuamente. Las compañías que desean construir este tipo de comunidades, por muy grandes que sean, tienen que actuar como si fueran pequeñas. Deben tratar a sus clientes como a sus iguales, y forjar una sensación de intimidad, dar la sensación de que esos clientes forman parte de un grupo que piensa igual, que no son meros compradores a los que hay que llegar en masa. Los clientes quieren mantener un diálogo bidireccional con las compañías, y esta comunicación significa mucho más cuando procede de un miembro igualitario de la comunidad, alguien de confianza, creíble y con quien resulta fácil relacionarse. Si no quieren perder importancia, las empresas deben adoptar y conectar constantemente con la comunidad de seguidores que ya tienen. Gaga es una maestra a la hora de forjar comunidades. Y tiene cinco maneras esenciales con las que lo consigue:

Conectar con personas que piensan igual que tú
Ser auténtico
Crear una experiencia colectiva
Celebrar los hitos
Fomentar la colaboración

Conectar con personas que piensan igual que tú

Gaga siente un vínculo real con la comunidad gay. Al principio de su carrera, los clubes nocturnos de gays en New York City y en todo el país dieron una oportunidad a una cantante desconocida. A Gaga le costó mucho que pusieran su música en la radio, de modo que se sintió extremadamente agradecida a la comunidad gay por respaldarla cuando nadie más quería hacerlo. «Para mí, el punto de inflexión[3] fue la comunidad gay», declaró Gaga a la MTV. «Tengo muchísimos fans gays, que siempre me han sido fieles y me han apoyado. Siempre estarán de mi parte, y yo siempre estaré de la suya. Crear una base de fans no es nada fácil [...] Que me invitasen a participar [en el desfile San Francisco Pride] fue un momento crucial para mi carrera como artista.»

El afecto que siente por sus fans gays la indujo a usar su creciente popularidad para abogar por la igualdad. Ha hablado en campañas que respaldaban la oposición a la política «No preguntes, no digas» (DADT; «Don't Ask, Don't Tell»), que prohíbe a los gays declarados formar parte del ejército. Respalda la igualdad matrimonial. Colaborando con Cindy Lauper, unió sus fuerzas con MAC Cosmetics para lanzar una línea de lápiz de labios bajo su oferta complementaria de cosméticos, Viva Glam. Todos los ingresos netos procedentes de esta línea de pintalabios fueron donados a la campaña de la empresa de cosméticos para luchar contra el VIH y el sida en el mundo. «Mi amor por mis fans gays[4] es un amor puro, auténtico, porque me apoyaron desde el principio, y me siento conectada con sus luchas como alguien que forma parte de ellas», ha declarado. Ha defendido a esos fans, y como resultado de ello una comunidad fiel de personas que piensan como ella se ha reunido bajo su bandera.

Gaga también ha conectado con los jóvenes que han sido marginados o han padecido el acoso escolar, ya sean homosexuales o heterosexuales, porque ella misma sufrió reiterados episodios de crueldad durante su adolescencia. En la Lección 2 ya descubrimos que unos matones la metieron dentro de un contenedor de basura de su barrio. Sus compañeros de clase se reían de ella y la insultaban. «Me llamaron cosas horribles,[5] insoportables, a gritos delante de muchísimas personas, y en un momento dado mi rendimiento escolar se resintió», dijo a Nicholas Kristof, del *New York Times*. «No quería ir a clase. Y eso que era una estudiante de sobresaliente, así que hubo un momento durante mis años en el instituto en el que ni siquiera podía concentrarme en clase, porque sentía una vergüenza constante. Me avergonzaba de ser quien era.» Muchos de sus fans se identifican con este sentimiento.

Gaga afirma que siente que su público es un ejército de forasteros. «Es curioso, porque algunos de mis amigos[6] de Nueva York vinieron a ver mi espectáculo [el fin de semana anterior] en la ciudad. Y todos me dijeron: "Gaga, tus fans son todos los inadaptados. Son todos esos chavales de quienes los demás se burlan en el colegio"», explicó en la MTV. «Todos los chavales raros, a quienes les gusta el arte, y todos los parias. Y me encanta, porque eso es lo que era yo. Estamos todos juntos, y ellos lo saben. Es nuestro mundillo privado.» Incluso Gaga comprende que crear su propio mundo todos juntos une a sus fans. Conecta tan bien con su comunidad de fans porque es una de ellos. Comprende sus luchas y se lo hace saber a ellos. Básicamente, se ha convertido en una más.

Ser auténtico

Una de las claves para establecer conexiones sólidas es que el líder de la comunidad manifieste su verdadero yo, con sus errores y sus problemas. Tiene que ser auténtico, no siempre perfecto, y debe ser accesible a los fans. Por ejemplo, el representante de Gaga, Troy Carter, confirma que la cantante es la única que tiene las «claves» de su cuenta de Twitter. Lo cierto es que es *ella misma* la que tuitea con los fans, y bastante a menudo. Tuitea directamente con los fans que le hacen preguntas, comparte fotos del *backstage* y del hotel, y ofrece información actualizada sobre su vida mientras viaja por el mundo haciendo giras. Una de las fotos más vistas que ha tuiteado es aquella en la que no llevaba maquillaje, una ocasión infrecuente para una mujer que, habitualmente, va maquillada como una *drag queen*.

A menudo Gaga cuelga mensajes personales a sus fans en Littlemonsters.com, su web personal para quienes forman el uno por ciento, explicándoles cómo se siente en ese momento. Ha compartido con ellos el dolor de la traición de amigos de toda la vida y de mentores que se han aprovechado de ella. Se ha lamentado[7] de sus «tremendas luchas con su imagen física». Ha compartido detalles personales de los momentos pasados con su novio, el actor Taylor Kinney. Da las gracias a sus fans por estar ahí en los buenos y en los malos momentos. Es abierta, cruda y real, y es evidente, cuando leemos los comentarios y las cartas de los fans *online*, que aunque la mayoría de ellos no la han conocido, sienten que saben exactamente cómo es. Este tipo de posts en Littlemonsters.com es el que suscita el mayor número de comentarios. Los fans consuelan a la estrella del pop, diciéndole que no necesita perder peso y que es atractiva tal y como está. Le dicen que no le dé más vueltas a las traiciones, porque ellos siempre estarán ahí para apoyarla.

Aunque Gaga se toma muy en serio presentar una imagen vanguardista, de vez en cuando se suelta el pelo y se pone emotiva delante de sus fans, lo cual hace que ellos la quieran incluso más. En 2011, la HBO realizó un documental de dos horas titulado *Lady Gaga presenta: la gira Monster Ball en Madison Square Garden*, que incluía imágenes del concierto además de otras grabadas antes y en el *backstage*. En una de las escenas antes del concierto se veía a Gaga sentada delante de un espejo, quitándose el maquillaje para aplicar uno nuevo. Parece ser que la presión de actuar en un lugar de tan alto nivel en su ciudad natal de New York City la estaba superando. Mencionó a sus maquilladores que cuando iba hacia Madison Square estaba de mal humor. Entonces desvela sus emociones explicando cómo, aunque está actuando en uno de los lugares más legendarios de toda su carrera, en ocasiones no se siente digna de su éxito. Entre sollozos, confiesa:

Empiezo a pensar en toda esa gente[8] que ha intentado detenerme, y siento esa... especie de rabia super intensa. Sí, y luego pienso que me importa una mierda si la gente no entiende lo que hago, mientras mis fans lo entiendan... Lo que pasa es que a veces aún me siento una fracasada, ¿sabes? Es una locura, porque ya ves, estamos en el Garden, pero aun así de vez en cuando me siento como una marginada en el instituto. Cada mañana tengo que archivar toda esa basura, tengo que recomponerme y tengo que decirme que soy una superestrella, para poder afrontar el día y ser para mis fans lo que ellos necesitan que sea.

«Ha hecho un trabajo magistral[9] para crear una comunidad participativa», dice Erin Nelson, directora de marketing para la compañía tecnológica Bazaarvoice, con sede en Austin, Texas. Bazaarvoice llevó a Austin al representante de Gaga, Troy Carter, para que hablase a toda la base de empleados y compartiera con ellos las técnicas mediante las cuales la cantante conecta con sus fans. Nelson dice: «Creo que ha hecho un trabajo fabuloso[10] al entender dónde están sus fans, y luego buscar la manera de hacerse accesible a ellos y participar, de modo que nunca deja de apoyarlos. Creo que todos los pequeños monstruos del mundo, sinceramente, sienten que tienen un vínculo personal con Lady Gaga». Si bien es fácil que las estrellas del rock, casi sobrehumanas, parezcan estar fuera del alcance y ser inaccesibles, Gaga se las arregla para equilibrar su condición de reina del pop con su existencia como persona real, con quien pueden interactuar los demás y sentir que la conocen personalmente.

Crear una experiencia colectiva

Otra manera de entretejer las conexiones en la comunidad es creando una experiencia colectiva, algo que los miembros puedan abordar juntos. Esto forja vínculos a medida que los miembros reviven la experiencia con el paso de los años. Una manera en que Gaga hace esto es mediante sus giras de conciertos. Las giras de cada álbum se han bautizado como «bailes», como la Fame Ball Tour, la Monster Ball Tour, y la Born This Way Ball Tour. Gaga usa la palabra «baile» porque connota un evento pleno de diversión, alegría y baile. Yo asistí a dos conciertos durante la Monster Ball Tour y puedo dar fe de que fueron como una fiesta de disfraces ruidosa y descomunal. La mayoría de los asistentes iba vestida con los trajes icónicos que ella usa en sus vídeos y sus apariciones en televisión. Gaga dijo a Larry King:

Básicamente, el Monster Ball[11] es un exorcismo para mis fans y para mí misma, donde ponemos todo sobre la mesa y luego lo rechazamos. En el espectáculo hay mucho sobre la inseguridad y las luchas. Además, muchos de mis fans tienen problemas realmente muy, muy graves. Yo también los tuve, y los sigo teniendo. Supongo que podemos decir que me relaciono con mis fans en este sentido, y opto por no esconderme. Larry, no me interesa ser una cantante de pop perfectamente apacible que luce muy bien con un bikini y aparece en la portada de todas las revistas. Me interesa más ayudar a mis fans a amar lo que son, y ayudarles a rechazar los prejuicios y aquellas cosas que, según la sociedad, no deben gustarles de sí mismos.

Durante los conciertos de la Monster Ball, Gaga se dirige al público contándole el tipo de experiencia que pretende crear:

¡El Monster Ball os hará libres![12] Lo mejor del Monster Ball es que lo he creado para que mis fans tengan un sitio al que acudir. Un lugar donde todos los friquis están fuera, y cierro las putas puertas. Me da lo mismo quiénes sois, de dónde venís o cuánto dinero lleváis en el bolsillo, porque esta noche, y todas las noches a partir de ahora, podéis ser quienes queráis ser.

Aunque sus conciertos son enormes «fiestas de amor» en nombre de todo lo que representa Gaga, entre tema y tema introduce mensajes de autoconciencia y esperanza. Su mensaje al público pretende inspirarles a quererse a sí mismos cada vez con menos temor, a pesar de las circunstancias conducentes a la falta de autoestima. «Lo que yo hago, básicamente,[13] es crear una atmósfera para mis fans en la que cuando se van no me quieren a mí, sino a sí mismos», declaró a la MTV.

Los eventos presenciales son ocasiones estupendas para crear una experiencia colectiva. Pero las experiencias *online* pueden dar muchísimo de sí. Como ya dijimos antes, Gaga reúne a sus máximos fans e interactúa con ellos en una comunidad *online* privada, Littlemonsters.com. Lo primero que uno ve[14] cuando se apunta a esta web es una foto de Gaga con el mensaje «¡Bienvenidos a casa, pequeños monstruos!» Se anima a los fans[15] a «compartir [su] pasión y su creatividad en una comunidad llena de arte, aceptación, monstruos y Gaga».

Tener la posibilidad de disfrutar de una experiencia colectiva en la comunidad significa que los fans deben poder hablar unos con otros. Como los fans de Gaga[16] están dispersos por el mundo, la opción de chatear de Littlemonsters.com traduce cincuenta y siete idiomas en tiempo real, de modo que los fans se puedan entender unos a otros.

Celebrar los hitos

Celebrar los hitos importantes y los éxitos juntos refuerza entre los miembros la sensación de pertenecer a una comunidad. Como líder de la comunidad de fans, Gaga comparte sus éxitos pero presentándolos como hitos que la comunidad ha alcanzado junto a ella. Por ejemplo, el 24 de octubre de 2011, cuando las visualizaciones colectivas de todos los vídeos del canal de Gaga en YouTube alcanzaron los mil millones, ella lo celebró con los fans, tuiteando: «¡Hemos alcanzado mil millones[17] de visualizaciones en YouTube, pequeños monstruos! Si nos mantenemos juntos, podemos conseguir cualquier cosa. ¡Os nombro reyes y reinas de YouTube! ¡Uníos!»

Cuando el álbum *Born This Way* fue nominado a tres premios Grammy en 2011, Gaga se lo agradeció a sus fans. Tuiteó: «Me siento anonadada + honrada[18] al disponer de una trinidad de nominaciones a los Grammy, incluyendo Álbum del Año por *Born This Way*. Os quiero un montón». En un tuit posterior, dijo: «#garrasarriba para nuestro álbum nominado[19] tres años consecutivos. Nunca lo habría conseguido sin vosotros. Juntos, fuimos #BornToBeBrave [«nacidos para ser valientes»]». Fíjese en el uso del posesivo «nuestro», como en «nuestro álbum». Gaga quería que los fans supieran que, dado que ella compuso el disco para ellos, en esencia también era de ellos. Y ahora su álbum recibía el reconocimiento de ser uno de los mejores de ese año. Los fans retuitearon el mensaje 7.881 veces.

Otro hito que celebró Gaga con los fans tuvo que ver con el número de miembros de Littlemonsters.com. El 25 de agosto de 2012[20] tuiteó que Littlemonsters.com acababa de llegar al medio millón de miembros. Los fans retuitearon este hito 4.796 veces. La clave para conmemorar los hitos con los clientes radica en celebrar éxitos que son comunes para todos los miembros de la comunidad. Los fans reaccionaron ante estos tuits de Gaga felicitando no sólo a la cantante, sino también a ellos mismos. Saben que contribuyeron al éxito, y comparten la alegría que siente Gaga.

Fomentar la colaboración

Una manera estupenda de cimentar los vínculos dentro de una comunidad es hacer que los miembros trabajen juntos en los diversos proyectos. Esto permite a los clientes trabajar por una meta común, y al final todo el mundo puede celebrar haber alcanzado el objetivo.

En mayo de 2011, Gaga trabajaba en un cortometraje para usarlo como anuncio del buscador Chrome de Google. No aparece en muchos anuncios, pero le estaba haciendo un favor a un amigo que era ejecutivo de Google. Además, el vídeo contribuiría a promocionar su nuevo sencillo, «The Edge of Glory». La premisa del filme[21] era «celebrar la relación especial y sin mediadores entre Lady Gaga y sus fans, los pequeños monstruos». El sencillo se lanzó el 9 de mayo de 2012, y los fans comenzaron inmediatamente a colgar vídeos de YouTube donde aparecían ellos mismos bailando al ritmo de la música, cantando el tema y tocándolo con todo tipo de instrumentos. Entonces Gaga colgó un mensaje en su web, pidiendo más vídeos para usarlos en la película. Al cabo de unos minutos los fans respondieron y colgaron cientos de vídeos más.

En la sala de edición y en tiempo real, mientras llegaba un flujo constante de vídeos de fans, los editores los iban incorporando al corto. El equipo de Gaga reunió[22] más de ochenta mil clips de YouTube enviados por los fans. Concluir todo el proyecto requirió menos de diez días, el tiempo necesario para poderlo emitir durante la actuación de Gaga al final de la temporada de *Saturday Night Live*.

Cuando escribo estas líneas, Gaga realiza una serie de concursos en Littlemonsters.com para inducir a sus fans a participar en proyectos. Uno de ellos consiste en diseñar un nuevo traje para ella. Los fans tienen que colgar sus sugerencias en su perfil de Littlemonsters.com, y Gaga y su equipo, además de todos los pequeños monstruos de la comunidad, evaluarán los proyectos. Otro concurso invita a los fans a crear emoticonos que usarán en la función de chat de Littlemonsters.com. Todas estas propuestas aparecen en el «muro» de inicio diariamente, para que otros monstruos cliquen en «Me gusta» y hagan sus comentarios.

Gaga no es la única que anima a los fans a colaborar. Los propios fans sugieren proyectos y animan a otros a participar. En marzo de 2010, Ryan James Yezak, un fan y cineasta joven de Los Ángeles, pidió a los fans que le ayudaran a elaborar un vídeo para el vigésimo cuarto cumpleaños de Gaga. Yezak montó[23] mensajes de felicitación de 128 pequeños monstruos de todo el mundo, creando un vídeo de casi diez minutos. Muchos de los mensajes incluían comentarios sobre Gaga y sobre el modo en que su música había cambiado sus vidas. Gaga se enteró de la existencia del vídeo, tuiteó un link a éste, y comentó: «En veinticuatro años no había llorado tanto,[24] de pura alegría y de amor incondicional. Aún se me caen las lágrimas».

De igual manera, tres chicas de diecisiete años de Boston crearon el «proyecto querida Mamá Monstruo». Pidieron a los fans que escribiesen cartas a Gaga contándole el impacto que ha tenido en sus vidas. Los fans colgaron cartas *online*[25] en una página de Tumblr que habían montado las tres chicas. Se sintieron sobrecogidas e inspiradas por las respuestas, repletas de anécdotas personales de esperanza y de amor. (Muchas de las citas de los fans que aparecen en este libro provienen de esa web.) Los fans también enviaron a las chicas mensajes de vídeo explicando qué significa para ellos Mamá Monstruo. En esos mensajes tan emotivos, y a veces entre lágrimas, los pequeños monstruos abrieron sus corazones para ayudar a Gaga a entender cómo su existencia había cambiado sus vidas. Las chicas colgaron el vídeo de ocho minutos[26] en YouTube, titulándolo «Querida Mamá Monstruo: Gracias de parte de todos tus fans», y luego lo subieron a Littlemonsters. com. Gaga vio el vídeo, parece que se quedó sin habla, y al principio se limitó a hacer un comentario de cuatro palabras en el post del vídeo: «Me falta el aire».[27] Más tarde colgó un comentario diciendo a las chicas que tenía muchas ganas de conocerlas en el concierto de Boston perteneciente a la Born This Way Ball Tour, invitándolas al backstage. Un comentarista del «proyecto Querida Mamá Monstruo» lo resumía muy bien: «Tus pequeños monstruos te quieren mucho.[28] Para nosotros lo importante no son tus tuits divertidos ni tus gustos en moda. Lo importante es la música, la comunidad y las cosas que nos enseñas».

Gaga podría dar una clase sobre gestión de comunidad, y hay algunos negocios más tradicionales por ahí fuera a quienes tampoco se les da nada mal. Cuando pensamos en construir una comunidad al estilo de Gaga, nos vienen a la mente de inmediato dos compañías que son ejemplos estelares de lo que es relacionarse con los clientes dentro de una comunidad de fans ya existente: Fiskars y MINI. Estas dos empresas, aunque difieren en cuanto a sus productos y su base de clientes, escuchan lo que éstos comentan entre ellos, de modo que puedan identificar cómo hablan de sus productos y conectar con esa pasión que sienten por compartir entre sí las experiencias importantes de sus vidas.

Ejemplo de negocio: Fiskars

Empecemos con Fiskars y su comunidad del uno por ciento, cuyos miembros se llaman Fiskateers. Fiskars es una empresa de menaje doméstico finlandesa, fundada en 1649, lo cual la convierte en una de las compañías más antiguas del mundo occidental. Fiskars vende cuchillos, utensilios, baterías de cocina y cubiertos, pero es más conocida por sus tijeras naranjas. La división de artesanía de Fiskars gozaba de una lealtad muy baja a su marca, porque las compañías chinas copiaban sus utensilios (fabricando menaje de cocina y consumibles) en cuanto llegaban al mercado. La investigación que hizo Fiskars de su propia marca[29] reveló que su empresa era «la leche con galletitas» de su industria, y que tenía un vínculo emocional escaso con sus clientes.

Fiskars quería establecer una relación entre la compañía y sus clientes que trascendiera los utensilios. La compañía contrató a la agencia de gestión de marca Brains on Fire, para que les ayudara a entender mejor a sus clientes y a conectar con ellos. Brains on Fire organizó 150 entrevistas[30] con miembros de grupos artesanales en Yahoo!, y participó en conversaciones sobre artesanía en tableros de mensajes y otras comunidades *online*. La investigación de esa agencia descubrió una comunidad artesana social y poderosa, sobre todo entre los participantes en álbumes de recortes digitales. La agencia recomendó a Fiskars que crease un programa comunitario de marca para reunir a esos participantes ya existentes en Estados Unidos. El programa se llama Fiskateers, y la compañía se puso a buscar colaboradores de álbumes digitales que pudieran ser embajadores de la marca ante la comunidad.

Fiskars (con la ayuda de Brains on Fire)[31] hizo «un llamado entre cuatro ciudades a los fabricantes de papel más conocidos y orgullosos de todo el país». Durante un viaje por carretera que alcanzó a once ciudades, más de cien personas dieron un paso al frente para contar sus historias y manifestar su personalidad creativa para la elaboración artesana de productos. Lo que demostró a Fiskars el viaje por carretera[32] fue que los miembros de la comunidad artesanal querían disponer de mejores vías para conectar unos con otros y, según Fiskars, anhelaban «un nuevo tipo de comunidad de artesanos [...] que les inspirara y animase, donde los miembros pudieran sentirse seguros para compartir cosas sobre sí mismos, proyectar luz sobre sus propias obras y hablar abiertamente de los instrumentos que usan para realizarlas».

Después eligieron a los abanderados más apasionados que encontraron en la comunidad de álbumes digitales de recortes y centraron el foco en cuatro mujeres que, al final, pasaron a ser conocidas como las «Fab Four» («las cuatro fantásticas») entre los Fiskateers. Estas mujeres lograron reunir a otros creadores de álbumes digitales en la comunidad y, según Fiskars, en las primeras veinticuatro horas más de doscientas personas se unieron al movimiento Fiskateer. Y las personas que llegaban no decían: «¡Santo cielo! ¡Estas tijeras son fantásticas! Quiero unirme a un club para hacer un álbum de recortes sobre tijeras». No, se unían porque les encantaba elaborar álbumes, y deseaban relacionarse con otras personas que compartieran esa pasión. Orientaron el programa comunitario hacia esta pasión, y no hacia la meta de vender más productos. Las ventas de los productos son un resultado secundario de crear una comunidad fiel de clientes que desee hacer correr la voz entre otras personas.

Para organizar el programa de los Fiskateers, la compañía, como Gaga, entendió el uso de las experiencias colectivas *offline* y *online*. La compañía creó una comunidad sólo para miembros donde los artesanos podían incluir sus perfiles, conversar unos con otros y subir fotos de sus obras. Fiskars también organiza eventos *offline* donde se reúnen personas que, quizá, sólo se conocían en Internet. Por ejemplo, durante el primer año[33] del programa, reunieron a los cincuenta artesanos más activos y entusiastas en San Antonio, Texas, para aprender cómo ampliar sus roles de «embajadores de la artesanía». Les impartieron clases de demostración y les animaron a certificar al menos a veinte personas de sus comunidades, creando un ejército de mil miembros de Demostradores Certificados de Fiskars (CFD, por sus siglas en inglés). Las tiendas como Walmart y Michaels habían solicitado a Fiskars que diera clases en sus locales, y ahora Fiskars disponía de una lista de profesores. Walmart paga a los CFD para que den clase, Fiskars se da a conocer, los Fiskateers pueden enseñar a otros el *hobby* que les encanta, y aumentan las ventas en las tiendas. Es una situación en la que todos ganan. Además, para mantener la inercia, Fiskars organizó reuniones regionales *offline*, las llamadas «Fiskafriendzy», donde los artesanos se juntan con personas que viven cerca de ellos. A lo mejor conocen a esos Fiskateers *online*, pero luego pueden relacionarse *offline*, lo cual ayuda a cimentar de verdad los vínculos internos del grupo. Tal como demuestran los comentarios en un vídeo de YouTube colgado por un amante de los álbumes de recortes, titulado «Por qué me encanta ser Fiskateer», la comunidad goza de un fuerte vínculo interno: «Los miembros manifiestan un afecto,[34] un interés y una preocupación genuinos hacia otros Fiskateers. Es un lugar maravilloso. Tengo que visitarlo cada día [...] Ya no se trata sólo de amistad; es más bien una sensación de camaradería y de estar en familia. Pero el factor número uno [que me gusta de Fiskateers] es que creo que soy libre para ser yo. Es una comunidad muy acogedora. De verdad que me encanta».

Fiskars ha experimentado un enorme retorno sobre su inversión dentro de su comunidad de clientes. Hoy día existen más de siete mil miembros de la comunidad Fiskateers, y cada uno es un embajador de la marca que extiende el mensaje a otros artesanos. Las menciones de productos de la marca Fiskars *online* superan el 600 por ciento desde el inicio del programa. Las ventas se han duplicado en las ciudades donde viven Fiskateers, comparadas con aquellas en las que no hay ninguno. Y un extra inesperado: como media, la compañía recibe cada mes trece ideas nuevas para productos, y gratis.

El programa Fiskateers de Fiskars es un ejemplo magnífico de cómo forjar un sentido de comunidad dentro de una base de consumidores. La compañía entendió que lo importante primero es ser miembro de una comunidad de clientes, en lugar de montar una comunidad *online* con la esperanza de que la gente se apunte a ella. Por eso antes de organizar el programa Fiskateers visitaron ciudades para hablar en persona con artesanos, y participaron en conversaciones *online* en foros de artesanía. Es importante comprender las pasiones de los clientes y cómo se relacionan unos con otros. Entonces podrá empezar a diseñar un programa comunitario que no sólo se centre en usted y en sus productos, sino en las personas. Es más probable que las personas sean más fieles a otras personas que a una marca inanimada. Y si usted consigue que se produzca entre las personas esa conexión personal, emocional, eso es algo que su producto, por sí solo, no puede hacer.

Ejemplo de negocio: MINI

¿Hay alguna manera elegante de pasar de los entusiastas de las tijeras a los entusiastas de los coches? La verdad es que la única manera elegante es decir que, por lo que respecta al poder que tienen las comunidades para contribuir a la expansión de una marca, a los artesanos y a los conductores no hay quien los pare. Lo sé de primera mano. No porque tenga en casa tijeras Fiskars, sino porque tengo un MINI Cooper, y me encanta. Me entusiasma el estilo de MINI, su marketing y el coche en sí. Compré mi primer MINI en 2004, porque me gustaba mucho el diseño y porque era el único coche de este mundo que encajaba en mi garaje monoplaza de Chicago. En enero de 2012 el antiguo MINI empezó a darme problemas, así que decidí comprarme un coche nuevo. Mi lista, breve, incluía el Toyota Prius, el Lexus IS y, por si las moscas, otro MINI.

Da la casualidad de que en Austin, que es donde vivo, hay un grupo MINI Meetup. Los Meetups son grupos de interés que usan la página web Meetup.com para conectarse. En el grupo MINI Meetup de Austin hay setecientas personas, y justo en el momento en que pensaba en comprarme un coche conocí a una mujer que le hace publicidad a lo grande. Ahora bien, ella no trabaja para MINI, sólo es una voluntaria que inició el grupo. Cada mes, los miembros del Meetup participan en tres o cuatro actividades, como conducir por las carreteras comarcales desde Austin a Lockhart, la capital de la barbacoa tejana, o participar en desfiles locales. Eso me hizo decantarme por el MINI, porque pensé: «¿Sabes una cosa? No sólo compro un MINI; también compro las relaciones y experiencias posibles con todas esas personas a quienes les gusta lo mismo que a mí, que es este coche pequeñito y tan divertido de conducir».

Como descubrimos en el ejemplo de Fiskars, la clave para construir una comunidad es, primero, escuchar a los clientes y entender sus pasiones. Tom O'Brien, de la compañía de investigación *online* MotiveQuest, ha aprovechado las conversaciones *online* que tienen los propietarios de un MINI para construir un perfil, que en realidad encaja bastante conmigo. Descubrió que aunque los clientes hablaban de cosas como el rendimiento y la personalización de sus vehículos, lo cierto es que conversaban más sobre temas sociales, como otros entusiastas, de clubes, y de eventos y reuniones. O'Brien describe a los clientes de MINI como una comunidad tribal. Dice:

«Dentro de la comunidad MINI todo consiste en encajar o en vacilar de coche[35] [...] En la comunidad MINI usted crea lealtad cuando da a sus miembros más oportunidades de interactuar unos con otros, y descubrir y participar en la tribu MINI». Y eso es lo que hace MINI.

MINI tiene clubes regionales, cada uno de los cuales se fundó independientemente, que tienen como miembros a los fanáticos de los MINI. Lo único que hace falta para formar parte de ellos es la pasión por conducir y el amor por los MINI. Estos clubes nacieron cada uno por su cuenta, y siguen siendo independientes de MINI, pero la compañía ha descubierto formas innovadoras de conectar con esas comunidades, de crear vínculos comunes entre ellos, y de actuar como una especie de lugar de reunión para ellos en su página web. Bajo el encabezado «WHY MINI» («¿Por qué MINI?»), en MINIUSA.com, se encuentra un link a más de sesenta clubes de propietarios de MINI en Estados Unidos, un mapa regional y un link para contactar con la empresa para informarla de clubes cuya existencia quizá no conozca. La página de cada club tiene un vínculo directo, y el sistema hace que los clubes sientan que MINI los respalda.

Durante los últimos cuatro años, la compañía ha celebrado una reunión anual llamada MINI Takes the States («MINI conquista Estados Unidos»), una ruta de once días por el campo donde los propietarios de MINI se reúnen para disfrutar de comida y de música. Según O'Brien, es una especie de[36] «vamos a juntarnos y a vacilar de nuestros MINI» en plan tribal. En 2012, unas seis mil personas[37] se apuntaron para participar en al menos una de las ochenta y ocho pruebas de la ruta, mientras en cada tramo de carretera pudieron verse hasta trescientos coches juntos. De Nueva York a Los Ángeles, la ruta zigzaguea por dieciséis estados, deteniéndose en trece ciudades y cubriendo una distancia de al menos 6.300 kilómetros. Unas ochenta y nueve personas condujeron toda la ruta.

MINI cree que el secreto para vender más coches está en involucrar a la comunidad MINI ya existente, y no tanto en apuntar a personas que actualmente no poseen uno de sus coches. Creen que si pueden conseguir que los propietarios actuales se emocionen más con su marca, les venderán más coches. Y a su vez, los dueños venderán más coches a nuevos clientes, gracias a que corre de boca en boca. A esto se debe que buena parte de su marketing se centre en ayudar a los entusiastas de los MINI a encontrarse mutuamente en clubes independientes y en eventos patrocinados por la empresa. Y parece que la estrategia funciona. Sus ventas de junio de 2012 aumentaron en un 14,7 por ciento[38] comparadas con las del mismo mes del año anterior, y sus beneficios son un 7,5 por ciento más elevados respecto a los del año 2011. Este icono británico, que hoy día es propiedad de BMW, va camino de vender más de sesenta mil unidades en 2012. También obtuvo el premio Polk Automobile Loyalty Award[39] en 2009 y 2010 por el índice de clientes que vuelven a optar por su marca dentro de la categoría de vehículos compactos. Yo soy una de esos leales clientes. Acabé comprándome un modelo de MINI nuevo de trinca, el Coupé deportivo. Parece la prima sexi y seductora del MINI Cooper original.

||||||||||||||||||||

101

Edificar una comunidad de fans o de clientes no es un proceso que se lleva a cabo de la noche a la mañana. Como sabe Gaga y cualquiera que gestione una comunidad, hace falta invertir mucho esfuerzo cada día para conectar con aquellos que piensan como nosotros y para fomentar las relaciones con ellos. Es necesario tener un espíritu altruista para demostrar a la comunidad que su empresa no sólo se preocupa de los beneficios económicos, sino también de lo que redunda en interés de la comunidad. Una vez que usted percibe que los clientes desean algo más que una relación transaccional, puede empezar el proceso de ayudarles a identificarse. El paso siguiente, como veremos en la Lección 4, consiste en dotar de identidad a la comunidad: en darle un nombre.

Ponga nombre a los fans

«Nos identificamos unos con otros,[1] me veo en mis fans y mis fans se ven en mí. Yo les llamo pequeños monstruos porque son mi inspiración.»

LADY GAGA

¿Qué contiene un nombre? Crear un nombre para sus clientes del uno por ciento les asigna una identidad, y a esa identidad le acompaña un conjunto de características conductuales o personales reconocibles que comparten todos los que llevan ese nombre. Como resultado de ello, las personas se identificarán a sí mismas como parte del grupo, o admitirán que están fuera del mismo. En esencia, un nombre otorga a sus fans algo a lo que unirse, algo de lo que formar parte. El mero hecho de referirse a sí mismos con ese nombre da a los clientes la sensación de pertenecer a algo más grande que ellos.

Gaga llama a sus fans «pequeños monstruos», pero no fue ella la que le dio vueltas a la cabeza para pensar en un nombre para ellos. El apelativo surgió de forma natural. Gaga se lo explicó a Larry King:

Compuse el álbum[2] *The Fame Monster*, que es el segundo que saqué. Cuando lo acabé, me di cuenta que había escrito cada canción sobre un miedo concreto al que me había enfrentado durante mi viaje para promocionar *The Fame* [el primer disco]. Cuando salí de gira, mis fans estaban tan... estaban como babeando, y no podían... estaban fuera de sí. Ardían en deseos de que les cantase mis temas nuevos, y se comportaban como monstruos... entre el pú-

Figura 4.1. Elton John, izquierda, y Lady Gaga actúan en la 52 entrega de los Premios Grammy, usando un piano diseñado por Terence Koh. (*Matt Sayles/AP Photo*)

blico. Así que un par de aquellas noches comenté «¡Eh, pequeños monstruos!»... Había usado esa frase también en el disco, pequeños monstruos. Así que empecé a llamarlos mis pequeños monstruos.

Y así nació un nombre para sus fans más fieles.

Gaga ha usado los eventos más destacados para manifestar su dedicación a estos pequeños monstruos. El 31 de enero de 2010, actuó en la quincuagésimo segunda entrega anual de los premios Grammy. Iba a cantar por primera vez con Elton John, y había encargado un piano especial para esa actuación. El piano Baldwin, con dos teclados, permitía que Gaga y John se sentaran uno enfrente del otro mientras tocaban y se cantaban mutuamente. La característica más chocante del piano eran unos brazos negros, con los dedos de las manos engarfiados, que salían en vertical de la tapa del piano (ver Fig. 4.1). Mientras se celebraba el espectáculo,[3] Gaga tuiteó una foto (parecida a la de la página anterior) donde se les veía a ella y a John en plena actuación, añadiendo el comentario: «Piano diseñado por el famoso y querido amigo TERENCE KOH, inspirado por y en honor a mis pequeños monstruos y sus encantadoras manitas».

Terence Koh, un artista canadiense nacido en China, explicó el concepto subyacente en aquel piano de aspecto tan inusual: «Las manos se basaban[4] en unas esculturas de manos que yo había incluido en mi exposición más reciente. Lady Gaga y yo pensamos que sería estupendo que las manos se cerrasen como garras, como dedicatoria a sus fans, formando una "mano de monstruo" en forma de garra. Fue un homenaje a esa experiencia de ir a sus conciertos y ver una oleada de manos de aquellos a los que Lady Gaga llama "pequeños monstruos". Era como un mar de amor y de cariño».

En la entrega de los Grammy aquella noche, Gaga obtuvo el premio al Mejor Álbum de Música Electrónica/Dance por *The Fame*, y a la Mejor Grabación Dance por el tema «Poker Face». Unas horas después del espectáculo,[5] compartió aquel galardón con sus fans, tuiteando este mensaje: «Pequeños monstruos, esta noche hemos obtenido un gran premio. Estoy muy orgullosa de hacer música para vosotros. Espero seguir inspirándoos como vosotros me inspiráis. Vosotros lo sois todo». Al día siguiente colgó en Twitter una foto de un nuevo tatuaje que se hizo en la cara interna de su antebrazo izquierdo. El tatuaje contiene las palabras «pequeños monstruos» escritas en cursiva. Su tuit explicaba:[6] «Mirad lo que hice anoche, pequeños monstruos para siempre, en la mano que sostiene el micro. XX». Pequeños monstruos para siempre. Eso es decir mucho. Gaga decía así a sus fans que formaban parte de ella, al grabar a perpetuidad su nombre en su cuerpo. Y éste formaría parte de ella durante el resto de su vida. Los fans entendieron el compromiso que había hecho con ellos. Muchos decidieron comprometerse igual con ella. Los pequeños monstruos empezaron a tuitear fotos de tatuajes que se habían hecho. En realidad, se habían marcado como parte del ejército de monstruos de Gaga. Hay veces en que un nombre lo dice todo.

Los fans no fueron los únicos que recibieron un nombre. A medida que fue creciendo el cariño de los pequeños monstruos por Gaga, muchos empezaron a verla como una figura maternal, y comenzaron a referirse a ella como «Mamá Monstruo». La periodista de *Forbes*, Judy Martin, comparó a Gaga[7] con «esa imagen del hinduismo semejante a Kali, tan negra que puede absorber cualquier negatividad y comérsela, mientras blande una espada para proteger a sus hijos pequeños». Metafóricamente, Gaga protege a esos inadaptados acosados a quienes torturan otros, como le pasó a ella en la escuela. Usa sus conciertos como un puerto seguro para aquellos que sienten que no encajan en otro sitio, o a quienes otros tratan de friquis o de raritos. Cuando los llama pequeños monstruos, utiliza un nombre distinto y más poderoso: manifiesta abiertamente su amor y su cariño por sus fans, y quiere protegerlos.

No existe un consenso sobre cómo los fans de Gaga empezaron a llamarla Mamá Monstruo. Los rumores dicen que un fan que la conoció en el backstage de un concierto en Chicago usó esta expresión. Entonces Gaga adoptó el apodo y lo remodeló como Mamá Monstruo, que ahora es el nombre que aparece en la pantalla de Littlemonsters.com.

Nombrar a los clientes les confiere una identidad conectada con usted. Les ofrece una manera de referirse unos a otros, como pertenecientes a una especie de club o de círculo interior. Las personas atraídas por su marca entienden que hay algo de lo que formar parte, porque la comunidad de clientes tiene un nombre propio. Lady Gaga no tiene el monopolio de los nombres de éxito, pero gana en la categoría de estilo y de unicidad. Aunque tiene mucho que enseñarnos sobre el poder del nombre (tanto el suyo, Mamá Monstruo, como el de sus fans, pequeños monstruos), otras compañías han tenido éxito a la hora de bautizar a sus clientes o fans. La historia de Maker's Mark Ambassadors y la reciente apropiación y expansión del nombre y de la comunidad Aruba Airheads son dos buenos ejemplos del poder que tiene un nombre.

Ejemplo de negocio: Maker's Mark Ambassadors

Cuando la familia Samuels de Loretto, Kentucky, empezó a vender su *bourbon* a pequeña escala en 1954, lo vendían a sus familiares y a sus amigos. En un clásico ejemplo del poder que tiene que algo corra de boca en boca, sus amigos empezaron a hablar a otros amigos del bourbon Maker's Mark, y con el paso de los años formaron una base de fans de culto. Comenzaron a distribuir su producto por todo el país, y millones de personas empezaron a disfrutar de ese bourbon de gran calidad. Bill Samuels Jr., hijo del fundador, dice qué sucedió después, en una entrevista que nos concedió a mi socio de podcast, Ben McConnell, y a mí en 2006:

> Maker's había empezado[8] a desarrollarse en cada centro metropolitano del país, básicamente al mismo ritmo. Incluso en Idaho hay un grupo de profesionales jóvenes que han iniciado su propia comunidad. Todo se basó en las conversaciones interpersonales, porque nosotros no teníamos manera alguna de llegar a ellos, localizarlos, hablarles. Ellos no hablaban con nosotros, pero sí con amigos de amigos de la marca. No sé cuántos eran, y ni siquiera podíamos averiguarlo. Empezó a inquietarme que no pudiéramos tener la misma relación personal con nuestros amigos, con quienes nos recomendaban, que la que teníamos en Kentucky.
>
> En 2000, una tormenta de ideas dio sus frutos. Bill Samuels nos dijo: «He tenido una idea que [...]»[9] nos permitirá conectar con nuestros clientes fanáticos fuera del circuito de los cócteles de Kentucky". La idea consistía en conceder la calidad de embajadores a los miembros de su uno por ciento, y encontrar la manera de conectar con ellos. Así nació el programa Maker's Mark Ambassador. En realidad, los embajadores eran aquellos clientes entusiastas de Maker's Mark que se ofrecieron voluntarios para hablar a otros del producto y para animar a los bares que en aquel momento no servían la marca a que lo hicieran.

Maker's Mark ha organizado lo que considero uno de los mejores programas de fidelización existentes hoy día, ¡y lle-

Figura 4.2. El *kit* de bienvenida de Maker's Mark para un nuevo embajador (*cortesía de Jason Reeves*).

van doce años haciéndolo! Cuando usted se ofrece para ser embajador, lo primero que pasa es que recibe un *kit* de bienvenida que contiene tarjetas de presentación personalizadas con su nombre y que le identifican como embajador oficial. El *kit* de bienvenida también contiene un «certificado de dedicación de barril», explicando que su nombre acaba de ser grabado en un barril de bourbon que envejecerá durante seis años en la destilería histórica de Loretto, Kentucky. Junto con el número del barril, el certificado proclama que su nombre figura en él «como reconocimiento de su fidelidad, su gran dedicación, su profundo conocimiento y su servicio como embajador de Maker's Mark» (véase Fig. 4.2). Cuando acaba el proceso de envejecimiento del barril, se invita a los embajadores a acudir a la destilería de Loretto, junto con las otras per-

111

sonas cuyo nombre figura en el barril, para probar el licor elaborado para su barril especial.

Quienes deseen inscribirse como embajadores pueden acudir a la página web de Maker's Mark y clicar en «Embassy». Le llaman «la embajada» porque, si usted es un embajador, ¿dónde se iba a relacionar con otros si no? Los nuevos embajadores pueden descargarse más tarjetas de visita e incluso pedir una copia de la placa de su barril. Los embajadores que llevan mucho tiempo saben que deben actualizar su información postal en «la embajada», porque Maker's Mark es famosa por enviar regalos de Navidad a sus embajadores. Algunos de los regalos más memorables a lo largo de los años han sido un molde esférico que permite hacer cubitos de hielo enormes y redondos para tomar bourbon helado, y un suéter hecho a mano de color verde, rojo y blanco, apropiado para las Navidades, con un escudo donde aparecen unos renos, y que se adecua perfectamente a las medidas de una botella de Maker's Mark. Según parece, a la familia Samuels le gusta ponerse suéters coloridos durante las Navidades, de modo que pensaron que a lo mejor a las botellas de sus embajadores también les apetecía hacerlo.

Los directivos de Maker's Mark no revelan cuántos embajadores forman parte del programa, porque quieren mantener la sensación de que aún sigue siendo un pequeño grupo de amigos. Pero yo intuyo que son cientos de miles. Aun así, sólo son una pequeña parte de los millones de consumidores de Maker's Mark que hay en el mundo. Cuando le preguntamos sobre la inversión de dinero y de recursos que invierten en crear un programa destinado sólo al uno por ciento de su base de clientes, Bill Samuels Jr. nos dijo: «Nunca nos preocupa pensar:[10] "¡Ay, cielos!, esto no es eficaz porque sólo nos dirigimos a cincuenta o sesenta, o a mil o diez mil, en vez de hablar a un millón", que eso es algo que uno hace cuando pretende atizarle en el trasero a todo el mundo con un mensaje publicitario. Sabemos que nuestros próximos clientes procederán de los esfuerzos de [nuestros embajadores], no de los nuestros».

Al dar un nombre a quienes forman el uno por ciento, las personas se pueden identificar como superfans al adoptarlo como propio. Cuando doy mis conferencias pregunto «¿Quién en la sala es fan de Lady Gaga?», y se levantan algunas manos. Cuando pregunto: «¿Quiénes de ustedes se considerarían pequeños monstruos?», son menos los que alzan la mano. Los fans de Lady Gaga entienden lo que conlleva ser un pequeño monstruo. Saben trazar la línea entre fan y superfan, y meterse en una de las dos categorías. Igual que pasa con los embajadores de Maker's Mark, solamente las personas que realmente aman la marca levantarán sus manos, y querrán participar y comprometerse.

Ejemplo de negocio: Aruba Networks

Otro ejemplo interesante del poder que tiene bautizar a los clientes es la comunidad «Airheads», creada en diciembre de 2011 por Aruba Networks, proveedora líder de soluciones de acceso a redes de última generación para la empresa del móvil. La arquitectura Mobile Virtual Enterprise (MOVE) unifica las infraestructuras de red con y sin cable, creando una solución de acceso perfectamente integrado para sedes corporativas, profesionales del ramo del móvil, trabajadores a distancia e invitados. ¿Mande? En un idioma que entendamos todos, Aruba ayuda a las compañías a relacionarse con los empleados que desean usar todo tipo de aparatos móviles, como iPhones e iPads, para acceder a su *e-mail* y sus bases de datos empresariales, así como a otras redes.

A Aruba Networks se le ocurrió la idea de reconocer oficialmente la comunidad existente de los ingenieros más ávidos de las redes y ampliarla. Estos ingenieros forman parte de equipos informáticos en todo el mundo que gestionan la tendencia de «lleve su propio dispositivo» al trabajo. Esta tendencia convierte a las redes colectivas en un valor que tener en cuenta. Para aprovecharla, las compañías necesitan personal informático experto en las últimas herramientas del LAN inalámbrico, la seguridad y la gestión de dispositivos móviles. Aruba dispone de instrumentos y de soluciones para abordar este desafío, y quería conectar mejor con la comunidad de ingenieros que usan sus productos. Irónicamente, bautizó a estas personas tan inteligentes y con formación tecnológica como «Airheads» («cabezas huecas»), porque trabajan con redes inalámbricas, es decir, las que están en el aire. Dayle Hall, director general de marketing y comunicaciones corporativos de Aruba Networks,[11] dice que son bien recibidos en la comunidad todos los técnicos expertos en movilidad y en dispositivos inalámbricos, no sólo los clientes de Aruba. Es por eso que el nombre y el logo de Aruba desempeñan un papel primordial en la página web del programa, y en los acontecimientos en que se resta importancia a la marca colectiva de Aruba.

Como los embajadores de Maker's Mark, los Airheads de Aruba reciben incentivos por unirse a la comunidad. Hay más de diez mil Airheads repartidos por el mundo, y tienen acceso a una amplia gama de oportunidades de desarrollo profesional,[12] incluyendo:

- Airheads Social, una plataforma de medios sociales que actúa como núcleo central de todas las actividades de la comunidad de Airheads

- El Aruba Certification and Training Program, que prepara a los ingenieros para resolver una gran cantidad de problemas complejos que van más allá de la infraestructura con cableado

- Reuniones de Airheads, que permiten a los miembros colaborar entre sí en tiempo real, en las conferencias anuales de Airheads, eventos regionales para grupos de usuarios y eventos virtuales

- El Aruba Airheads MVP Program, un reconocimiento público a los miembros que han ayudado a cultivar la comunidad de Airheads por medio de sus conocimientos, su participación y sus contribuciones; cuanto más comprometidos están los miembros con todos los aspectos de la comunidad, más premios y reconocimientos reciben

Las actividades de Airheads son las ocasiones en que los miembros se reúnen para compartir información, conectar y reconocer a otros participantes en su comunidad. Los asistentes gozan de los beneficios del programa de primera mano, y se sienten parte de un club de personas del mismo parecer que ellos y expertas en tecnología. Los eventos son tanto presenciales como virtuales, y permiten que los ingenieros de redes colaboren para hallar mejores prácticas, encontrar ejemplos de implementación en el mundo real y aprender lecciones. Entre estas actividades figuran conferencias regionales con cientos de asistentes, eventos de medio día, celebrados trimestralmente, en ciudades de todo el mundo, y *webinars online* exclusivos que imparten los MVP Airheads y otros expertos. Zach Jennings, MVP Airhead y director principal del servidor de redes de la West Chester University de Pensilvania, dice: «Dentro de la comunidad de Airheads puedo compartir mi experiencia[13] para ayudar a otros [...] Otra ventaja clave es el aprendizaje. Leer los posts de otros usuarios me abre un mundo de posibilidades».

|||||||||||||||||||||

Ya se trate de «pequeños monstruos», «embajadores» o «cabezas huecas», el poder de un nombre es más evidente para las personas que se identifican al usarlo. Un nombre les proporciona acceso a otros como ellos, a una comunidad de elite de personas que tienen los mismos intereses. Les proporciona beneficios exclusivos que no disfrutan quienes no forman parte de la comunidad, y que les recuerdan que el aspecto social de todo proyecto puede ser algo poderoso. Todos queremos formar parte del club. Esa sensación de pertenencia es la que nos da la energía y el entusiasmo para hacer lo que hacemos.

Tener un nombre también fortalece el vínculo entre los clientes, porque éstos valoran inmediatamente la membresía mutua en un club exclusivo. Otra forma de fortalecer este vínculo es usando símbolos compartidos, a menudo relacionados con el nombre de la comunidad o con las actividades en las que ésta participa. Sólo las personas que forman parte del grupo del uno por ciento, con su nombre propio, entienden esos símbolos, que analizaremos en la Lección 5.

Aproveche los símbolos compartidos

«Yo... intento crear cosas[1] que a mis fans les cueste poco imitar... y que nos vinculen de alguna manera. Es muy agradable tener este vínculo con ellos, aparte de todo lo demás.»

LADY GAGA

Los estudios culturales y sociales suelen manifestar la emergencia de símbolos compartidos. Todos podemos visualizar muchos símbolos que compartimos con otros como miembros de un grupo, ciudad o país determinado. Estos símbolos compartidos son vehículos tangibles por medio de los cuales expresamos un sentido. Los símbolos pueden ser gestuales, pictóricos, orientados a objetos, lingüísticos o una combinación de éstos. Por medio del proceso repetido de los rituales, los símbolos adquieren importancia para el grupo. Los símbolos compartidos también tienen la capacidad de ser excluyentes. Quienes saben reconocer y comprender el significado de esos símbolos se sienten parte del grupo, pertenecientes a él, mientras que los foráneos no entenderán su significado y se marcharán, en ocasiones ridiculizandolos.

Las empresas comprenden el poder que tienen las marcas y la creación de imágenes de marca memorables para sus productos. Si bien las marcas pueden ser un tipo de símbolo, se quedan muy cortas a la hora de establecer vínculos entre las personas. Las marcas no son más que un identificador de producto. Lady Gaga es una maestra de estos tipos de símbolos, unos símbolos que no están directamente relacionados con un producto, sino que más bien consisten en una experiencia compartida.

En la sociedad de los pequeños monstruos encontramos cierto número de símbolos compartidos. La mayoría los ha creado Gaga y los fans los han hecho suyos. Gaga tiene una percepción muy clara del arte y de los iconos visuales. Usa esos iconos visuales en su vestuario, sus coreografías y los escenarios de sus conciertos y de sus vídeos, en los que ella participa en persona como diseñadora. Para idear y crear estos iconos visuales, la cantante fundó la Haus of Gaga, su propio equipo creativo responsable de buena parte de su estilo distintivo e individual. La Haus está situada en la Andy Warhol's Factory, y emula la atmósfera creativa por la que era conocida. Este equipo diseña la mayor parte de las prendas, el atrezo, los escenarios y el maquillaje para las actuaciones en directo de Gaga, así como otras representaciones visuales de su trabajo y las piezas individuales que representan artísticamente el estilo y los temas a los que Gaga da importancia. Algunas de las piezas más famosas de la Haus incluyen «la vara disco» (una larga vara cromada con una cúpula acrílica en forma de ramo que emite luz), las «gafas LCD del iPod» (un par de gafas que en lugar de lentes tienen dos pantallas de iPod Classic), y el «vestido de carne», que lució en la celebración de los MTV Video Music Awards de 2010. Gaga y su equipo creativo trabajan sin descanso, pensando en los significados y la naturaleza simbólica de lo que ella crea y defiende. Vamos a examinar algunos de los símbolos más reconocibles de la comunidad de pequeños monstruos.

La garra del monstruo

El símbolo de los pequeños monstruos más conocido en todo el mundo es la garra. La garra del monstruo es una posición de la mano que se hace separando los dedos y flexionándolos, imitando la zarpa de un animal o, más apropiadamente, un monstruo. El origen de la garra surgió de la coreografía galardonada del vídeo icónico de Gaga «Bad Romance». En diversos segmentos de ese videoclip, Gaga y un grupo de bailarinas danzan con las manos engarfiadas. El vídeo se convirtió en todo un bombazo, sobre todo en YouTube, y los fans de Gaga de todo el mundo empezaron a aprender sus pasos de baile distintivos.

Pronto Gaga descubrió que la garra se había convertido en algo más que en un movimiento de baile. Durante la Monster Ball Tour, Gaga solía contar esta anécdota: estaba atravesando Boston en coche para acudir a uno de los conciertos previstos en esa ciudad. Su coche se detuvo en un semáforo y, en el coche que tenían al lado, con las ventanas bajadas, había una fan bailando y cantando un tema suyo que atronaba por el estéreo del vehículo. Gaga estaba a punto de bajar la ventanilla para llamar la atención de aquella persona, pero antes de que pudiera hacerlo, otro coche se situó al otro lado del vehículo del que salía la música. El ocupante bajó la ventanilla y sacó por la ventana una mano con el gesto propio de una garra. Gaga dijo: «Fue un momento muy emocionante,[2] porque mi fan se entusiasmó por haber visto a otro pequeño monstruo, hasta el punto de sentirse obligado a hacerle saber que "Yo también soy fan de Lady Gaga". Durante la Monster Ball Tour, Gaga pedía a los pequeños monstruos «¡arriba las garras!», refiriéndose a esa posición de la mano (ver Fig. 5.1). Ahora, «garras arriba» se ha convertido en una frase que usan Gaga y los pequeños monstruos en todo el mundo con el significado de «chócala» o «buen trabajo». Gaga incluso hizo re-

Figura 5.1. «Pequeñas monstruos» con las garras en alto en el concierto de Manila, Filipinas, una parada de la Born This Way Ball Tour, el 21 de mayo de 2012 (*Jay Directo/AFP/Getty Images*).

ferencia a la garra de monstruo en la letra de su tema «Born This Way», abriendo la canción con estas palabras:

Da igual si le quieres, o un E-L en mayúsculas
Levanta tus garras
Porque naciste así, cariño

El unicornio

A Gaga le encantan los unicornios. Declaró al *Big Top 40 Show* británico[3] que «estoy obsesionada con la idea de un ser que nació con algo mágico, que le convertía en un inadaptado al mundo de los sementales». Explicando más a fondo esta fascinación, comentó: «En el fondo es una criatura mitológica, de modo que lo que intento decir es que el unicornio nació mágico, y no fue culpa suya, ni lo convierte en más o menos especial ni en algo menos único, pero no pudo evitar nacer con esa magia». El símbolo del unicornio llegó hasta los pequeños monstruos por medio del disco *Born This Way*. Cuando el álbum se publicó, Gaga se hizo un tatuaje de la cabeza de un unicornio con una enseña envuelta en su cuerno, largo y puntiagudo, donde se lee «Born This Way». En el disco también hay un tema titulado «Highway Unicorn», y ella tuiteó a un fan que «Highway Unicorn habla de mí.[4] Corre por la carretera llevando sólo un sueño»; y cuando cantó este tema en la Born This Way Ball Tour, entró en el escenario a lomos de un gran unicornio mecánico. Los fans han adoptado este símbolo y han creado imágenes que incluyen unicornios. Gaga tuiteó una de estas imágenes asombrosas que mezclaba la cabeza y el torso de la cantante con el cuerpo de un unicornio. Los fans llevan unicornios de peluche a los conciertos, y los arrojan al escenario o se los llevan como regalo al backstage.

Cómo lo hace Gaga: convirtiendo la experiencia en símbolos

Quizá lo que hace que Lady Gaga sea tan eficaz creando símbolos que gozan de larga vida entre sus fans es su capacidad de encontrar sentido a situaciones, experiencias e interacciones, traduciéndolo luego en imágenes. Gaga crea verdaderos iconos al comprender el poder de las imágenes ya existente en el mundo, y manipulándolas para encajar con su escala de valores. En su videoclip de «Born This Way», hizo aparecer a Rick Genest, un sin techo de veinticinco años de Montreal, Canadá. Genest tiene el cuerpo tatuado desde la cintura hasta la coronilla para que parezca un cadáver descompuesto al que se le ven los huesos. El estilista de Gaga, Nicola Formichetti,[5] había encontrado una imagen de Genest mientras revisaba imágenes en Google, y contactó con él por Facebook. Entonces (y aquí es donde Gaga se revela como un genio de la creación de símbolos) ella le usó en el videoclip. Para este vídeo, el rostro de Gaga está maquillado para parecer el de un cadáver descompuesto con el cráneo a la vista, como el de Genest. Encima del maquillaje se puso una peluca enorme de color rosa con una cola de caballo que destacaba en su coronilla. En diversas escenas del vídeo, ataviada con un esmoquin, Gaga baila alrededor de un Genest inexpresivo. Fue capaz de captar el significado que transmitía aquel joven sin techo de veinticinco años (y ella apoya a los sin techo y la suya es una causa a la que hace donativos, debido a la gran cantidad de jóvenes homosexuales, transexuales y bisexuales que no tienen hogar) y hacerlo parte de sí misma. Los pequeños monstruos conocen bien esta imagen de «la calavera de Gaga con cola de caballo» gracias al vídeo. Es una imagen impactante y memorable, y en última instancia es un icono. El equipo de Gaga ha usado esta imagen como el fundamento de la llave del Monster Pit del que hablaremos en el capítulo siguiente, y la imagen aparece también en los envases de perfume de Gaga. Además, claro está, se puede ver en los cuerpos de muchos pequeños monstruos, dado que los fans han interiorizado estos símbolos y, de hecho, se los han tatuado (ver Fig. 5.2).

Figura 5.2. Tatuaje de un fan con el símbolo de la calavera de Gaga con coleta (*cortesía de Joel Díaz*).

A Gaga se le da tan bien encarnar símbolos que prácticamente todo lo que se pone se convierte en uno. Pero lo que los convierte en iconos es que cada uno de ellos tiene significado para ella. No crea un símbolo porque sí. Defiende algo en función de la importancia que tenga para ella. Los ejemplos que hemos visto antes, y muchos otros demasiado numerosos como para incluirlos en este libro, nacen de su deseo de romper una lanza en favor de algo que es importante para ella, y sus fans conectan inmediatamente con su idea y la respaldan.

En el mundo también hay empresas y organizaciones sin ánimo de lucro que hacen un buen trabajo a la hora de crear símbolos o de adueñarse de algunos que ya son importantes para los fans. Los brazaletes de la Toalla Terrible de los Steelers y de Livestrong son dos ejemplos estupendos del poder que tienen los símbolos para cambiar las reglas al cohesionar a clientes o a fans.

Ejemplo de negocio: La Toalla Terrible de los Pittsburgh Steelers

Los equipos deportivos y el simbolismo van de la mano, como los perritos calientes y la cerveza. Tenemos logos de equipos, uniformes, mascotas, e incluso señales con las manos. («¡Usad esos cuernos!») El símbolo deportivo más conocido, según la ESPN, es la Toalla Terrible, una toalla dorada que usan los Pittsburgh Steelers, de la Liga Nacional de Fútbol Americano (véase Fig. 5.3). En este punto haré una confesión: yo nací justo al norte de Pittsburgh, y soy una fan a ultranza de los Steelers, así que puedo contarle de primera mano qué significa este símbolo para la Nación Steeler. La toalla fue el fruto de una idea que tuvo el legendario locutor radiofónico Myron Cope. Cope fue comentarista de color en las emisiones radiofónicas de los Steelers durante treinta y cinco años. Era conocido por su voz nasal tan distintiva y por su acento de Pittsburgh tan identificable, así como por un grado de entusiasmo que no suele verse mucho en las cabinas de los comentaristas. Antes del primer partido de *play-off* de los Steelers en la temporada de 1975, los jefes de Cope en la emisora estrella del equipo, la WTAE, le pidieron que inventase un «reclamo» para atraer a más patrocinadores al programa. Cope no se mostró interesado, diciendo: «No me van los reclamos,[6] nunca me han

Figura 5.3. La Toalla Terrible de los Pittsburgh Steelers
(foto proporcionada por la autora).

gustado los reclamos». Después de que su jefe le dejase caer
que un reclamo eficaz sería un factor determinante en la reno-
vación inminente de su contrato, él añadió: «Me van los reclamos».[7]

Discutiéndolo con su jefe,[8] Cope dijo que el reclamo debería ser algo «ligero y portátil, y que todos los fans lo tuvieran
ya». Su jefe le sugirió una toalla. Cope pensó que era una idea
magnífica y dijo: «Lo llamaremos la Toalla Terrible,[9] que usa-
rá sus terribles poderes contra los adversarios». Sólo alguien
como el incomparable Myron Cope podía otorgarle poderes a
una toalla. En las semanas previas al partido, Cope publicitó
la idea de la toalla entre los fans, tanto en la radio como en las
noticias televisivas de la tarde. «La Toalla Terrible está preparada para atacar»,[10] dijo Cope una y otra vez a sus oyentes.

«Traigan una toalla amarilla, dorada o negra al partido de *play-off*, y si no tienen ninguna cómprenla; si no quieren comprársela, pues tiñan una.»

La Toalla Terrible hizo su primera aparición el 27 de diciembre de 1975, en un partido de *play-off* contra los Baltimore Colts. En su cabina de retransmisión, Cope tenía motivos para estar nervioso. El periódico local *Pittsburgh Post-Gazette* se había reído de su idea de la toalla. Mientras los jugadores realizaban los ejercicios de precalentamiento anteriores al partido, vio que había menos de una docena de toallas entre el público, a pesar de que en la taquilla de cada jugador habían dejado dos toallas. «De repente,[11] salieron un par de tíos poniéndonos en las manos esos trapos amarillos y pidiéndonos que fuéramos corriendo por el campo a modo de introducción, agitándolos por todas partes», recuerda Mike Wagner, el ex safety de los Steelers. «Nos quedamos mirando a aquellos tíos y dijimos: "Pues va a ser que no. Aquí lo que intentamos es jugar a fútbol"».

Pero al final Cope tuvo razón. Recuerda el suceso en su autobiografía, *Double Yoi!*: «A punto de hacer el saque inicial, los Steelers se reunieron[12] en el túnel para las presentaciones, momento en el que el público estalló y, ¡de repente, calculo que unas 30.000 Toallas Terribles aparecieron en las manos de los fans por todo el estadio, dando vueltas y vueltas!» Los Steelers derrotaron a los Colts por 28-10. Durante las semanas siguientes, el equipo derrotó a los Oakland Raiders y a los Dallas Cowboys para hacerse con la segunda victoria consecutiva de la Super Bowl para su equipo. Y así nació la leyenda de la Toalla Terrible. Todo fan de los Pittsburg Steelers tiene como mínimo una. Yo tengo seis. Y los fans a menudo las llevan consigo en sus viajes por el mundo. La Toalla Terrible ha aparecido en *Saturday Night Live*, ha ondeado en la Ciudad del Vaticano, la Gran Muralla China y ha viajado con los soldados a Irán y a Afganistán. Incluso hubo una toalla en la Estación Espacial Internacional, donde la llevó un astronauta oriundo de Pittsburgh. Según los Steelers, los estadounidenses tienen más de seis millones de esas toallas. «Creo que toda gran nación[13] tiene una bandera», dijo Troy Polamalu, el safety de Pittsburg. «Creo que está claro que para la Nación Steeler ésa es nuestra bandera.»

Ejemplo de negocio: las pulseras Livestrong

Un ejemplo excelente de una organización sin ánimo de lucro que usa el simbolismo es la Fundación Livestrong de Lance Armstrong, antes llamada Fundación Lance Armstrong, y su creación de las pulseras Livestrong que siguen viéndose por todas partes. Armstrong, después de que le diagnosticasen el cáncer testicular, creó una fundación para concienciar al mundo y reunir fondos para la investigación sobre el cáncer. En 2004 su fundación contrató a Milkshake Media para que les ayudase a diseñar de nuevo una pequeña parte de su página web, el centro de recursos *online* para los supervivientes de un cáncer. Como resultado de las entrevistas con supervivientes de la enfermedad, Katherine Jones, fundadora de Milkshake Media, dice que sucedió algo inesperado. «Pensábamos que querían[14] recursos médicos», declaró Jones a la revista *Fast Company*. «[En lugar de eso] querían hablar de cómo el cáncer había transformado sus vidas en los terrenos emocional, físico y práctico.» Jones sugirió crear una marca propia para esta comunidad apasionada. Se inspiró en la autobiografía de Armstrong, *Mi vuelta a la vida*, donde encontró esta frase: «Lo único que quería era decir a la gente que luchase con todas sus fuerzas». Jones combinó la actitud valiente de Armstrong con su apellido y creó el nombre «Livestrong». Los grupos de debate se mostraron divididos respecto al nombre, porque ningún otro participante en la comunidad del cáncer usaba un lenguaje tan desafiante, pero Armstrong no tenía miedo: «LE ENCANTÓ»,[15] comentó por *e-mail* un miembro de la fundación al equipo de Jones.

Nike también se subió a bordo. Normalmente esta empresa no participa en las fundaciones de sus atletas, pero cuando sus ejecutivos oyeron hablar de Livestrong, pensaron inmediatamente en las pulseras de caucho que probaban en los atletas. Nike se ofreció a hacer cinco millones de pulseras en las que pusiera «Livestrong», pero en vez de ser de color naranja sugirieron hacerlas en amarillo, el color del maillot de Armstrong en el Tour de Francia. Armstrong y la que entonces era su pareja, Sheryl Crow, llevaron ese símbolo durante el Tour de Francia de 2004, y el candidato a la presidencia John Kerry, superviviente de un cáncer de próstata, empezó a ponerse una pulsera. Según Kat Jones,[16] la aparición de Armstrong en el programa *Oprah* desbordó los servidores de Yahoo! debido a la cantidad de espectadores que querían adquirir una pulsera. En su mejor momento, la fundación, que antes de las muñequeras no había vendido nada, empezó a vender cien mil al día. En menos de dos años, los ingresos anuales pasaron de 15 millones de dólares a 40. «Cuando me enteré de que Nike[17] haría cinco millones, fui un poco escéptico», dijo Armstrong.

«Imaginé que nos pasaríamos varios años tirándonos las pulseras unos a otros.»

Incluso hoy, cuando Armstrong se ha visto envuelto en una controversia sobre las carreras y ha dimitido de la organización, sus contribuciones importantes a la concienciación sobre el cáncer y la investigación de esta enfermedad, así como el éxito de las pulseras, parecen no haberse visto afectados por su actividad fraudulenta. Según los directivos de Livestrong,[18] después del 23 de agosto de 2012, cuando la Agencia Antidopaje Estadounidense anunció que le quitaría a Armstrong los siete títulos conseguidos en el Tour de Francia, los donativos aumentaron un 7 por ciento. Después del 15 de octubre de 2012, cuando USADA publicó un archivo amplísimo que contenía evidencias de que Armstrong tomó fármacos prohibidos y se hizo transfusiones de sangre durante toda su carrera como ciclista, los donativos aumentaron un 15 por ciento. La organización sin ánimo de lucro dice también que sólo ocho donantes han pedido que se les devuelva el dinero después del escándalo. Parece que la gente es más fiel a la causa que simbolizan las pulseras que al hombre que hay detrás de ese símbolo.

Livestrong, esa marca que la fundación ni siquiera se propuso crear, podría ayudarla a evitar un destino parecido. En 2009, la fundación adoptó el nombre que sus defensores llevaban usando desde hacía tiempo. Según dijo Jones, Livestrong es el ejemplo infrecuente[19] de una marca madre que se ve superada por otra surgida de ella.

Es esta marca secundaria la que ha permitido a Livestrong seguir siendo una fuerza dentro de la concienciación y la investigación sobre el cáncer, y sus pulseras, que están por todas partes, siguen siendo un símbolo de lo que han conseguido.

Según la Fundación Livestrong, hasta la fecha se han vendido más de ochenta millones de pulseras. Y no parece que vayan a desaparecer durante mucho tiempo.

||||||||||||||||||||

La clave de los símbolos compartidos, como la Toalla Terrible y las pulseras de Livestrong, no es el símbolo en sí mismo. Lo importante es cómo el significado de los símbolos cohesiona a una comunidad. Las personas que forman parte de la comunidad entienden de verdad su significado y éste les motiva. En el caso de los fans de los Steelers, ondeamos nuestras toallas para animar a nuestros jugadores cuando necesitan nuestro apoyo para conseguir un primer punto crucial. Da lo mismo que veamos los partidos por televisión y que los jugadores no nos oigan: sabemos que pueden sentirnos. Sí, ya sé que para quienes no son fans esto puede ser una estupidez, pero los fans auténticos comprenden el poder de la Toalla. Los pacientes de cáncer llevan la pulsera Livestrong porque les recuerda la actitud «luchas con todas sus fuerzas» de Lance Armstrong, y les conecta con otras personas de todo el mundo que se la ponen para apoyar a sus seres queridos que también lidian con esta enfermedad. Les recuerda diariamente que pueden vencer el cáncer. También hay que tener en cuenta el poder que tiene el símbolo para hacer que la gente se sienta especial y única. En el capítulo siguiente examinaremos lo poderoso que puede ser hacer que los clientes o los fans se sientan así, y cómo conseguirlo haciendo lo que a Gaga se le da tan bien: hacerles sentirse como estrellas del rock.

Haga que se sientan estrellas del rock

«Querida Mamá Monstruo:[1]

Me llamo Erika. Me hiciste subir dos veces al escenario durante el Born This Way Ball en Australia. Primero en Sidney y luego en Perth. Antes que nada quería darte las gracias por esa oportunidad. No tienes ni idea de lo que tuve que pasar sólo para ir a tus conciertos. Reuní mucho dinero y vendí todo lo que había en mi guardarropa excepto mis uniformes del colegio y del trabajo, y mientras acababa mi último año en el instituto tuve dos trabajos. Me pasé 6 meses trabajando en un disfraz diferente para cada concierto, así que gracias por fijarte en mí y darme la oportunidad de estar a tu lado y demostrarle a todo el mundo lo valiente que soy en realidad.

Con cariño de Erika.@erikamayowens»

Desde los albores de la era de la publicidad, las marcas han sido las estrellas del marketing. El producto, el servicio o la compañía siempre han sido el centro de atención en la publicidad. Las empresas controlaban el mensaje de la marca y lo extendían retransmitiéndolo por las tres cadenas de televisión. Demos un salto hasta nuestro mundo actual, dominado por los medios sociales, un mundo en el que todas las personas tienen un teléfono en el bolsillo que es un aparato que crea contenido. Las personas normales que usan tecnología pueden enviar fotos y mensajes sobre productos y marcas a un público universal, por medio de Twitter, Facebook y You-Tube. Los clientes ahora son las estrellas. Las compañías inteligentes, en un intento de mantener sus negocios, hacen que los clientes se sientan especiales al concentrar el foco sobre ellos. Esto les ayuda a cimentar el vínculo ya existente con la compañía. Cuando las empresas hacen todo lo posible para que sus clientes se sientan especiales, éstos no pueden por menos que hablar de ellas con todos sus amigos y con sus familiares.

Gaga, que es una estrella del rock de verdad, hace que sus fans se sientan estrellas del rock. A lo largo de este libro he mencionado el amor que siente por sus fans y la lealtad que les demuestra. Es lo bastante humilde como para comprender que no habría llegado donde está de no contar con el apoyo de sus fans. Es posible que sea la reina del pop, pero hace muchas cosas que inducen a sus fans a sentirse parte de la realeza, como enviar pizzas a unos fans cansados y hambrientos mientras hacen cola toda la noche para que les firme un disco, o detener su autocar privado e invitar a unos fans a tomar un té y charlar un rato. Veamos algunas otras maneras en las que Gaga demuestra que es fan de sus fans.

Telefonee a un monstruo

Gaga instituyó una tradición durante la Monster Ball Tour: llamar a un fan que está entre el público. Dice al público que va a telefonear a uno de ellos en aquel mismo instante, durante el concierto. Marca el número y el sonido del teléfono que suena repica por toda la sala. «Espero que no comunique»,[2] comenta, haciendo que el público se eche a reír. «¿Diga», dice una voz vacilante al otro lado de la línea. «Hola, soy Lady Gaga.» Inmediatamente el o la fan aparece en directo en las pantallas de vídeo gigantes, hablando con Gaga para que todo el mundo lo vea y lo escuche. En ese momento, lo normal es que el o la fan empiece a gritar «¡Te quiero!» Gaga le felicita por la ropa que lleva puesta y le pregunta si le gustaría acompañarla al backstage después del concierto para tomar algo. Por supuesto, eso desata otro griterío, pero esta vez por parte de todos los asistentes, a quienes les encantaría que los invitaran al backstage.

Lo mejor de este ritual es el modo en que se ha diseñado. El equipo de Gaga ha elegido a la persona de antemano, y está listo con un teléfono y un cámara. Normalmente, cuando uno va a un concierto, toda la acción se centra en el escenario. Pero en este ejemplo, Gaga hace que el foco recaiga sobre un fan elegido al azar de entre una enorme multitud. Entonces Gaga le dice al fan: «Te envío a unas personas[3] que te llevarán junto con tus amigos justo delante del escenario, para que veas mejor el concierto».

Para un pequeño monstruo, esta experiencia es trascendental. Ya se puede imaginar lo que siente esa persona. Su ídolo acaba de hablar con él o ella por teléfono, le ha felicitado, le ha conseguido un asiento de primera fila y le ha dado un pase al backstage. Un superfan no puede aspirar a mucho más. Es algo que contarán a todos sus conocidos. Incluso los fans que fueron simples testigos presenciales contarán la experiencia a otros.

Otro gran aspecto de «Telefonee a un monstruo» es que Lady Gaga se asoció con Virgin Mobile para ponerlo en práctica. Antes de telefonear al fan, dice al público que Virgin respalda la Monster Ball Tour para reunir dinero con el que ayudar a jóvenes sin techo, donando 20.000 dólares cada vez que ella telefonea a un fan. En algunas ciudades de la gira, los fans que dedicaron su tiempo como voluntarios a las organizaciones que ayudan a los sin techo recibieron entradas VIP para el concierto, cortesía de Virgin. Gaga explica al público que esta campaña es importante para ella porque los jóvenes gays y lesbianas padecen un índice elevado de carencia de hogar, dado que algunos padres los echan de casa cuando descubren su homosexualidad. Esta sociedad formó parte[4] de la campaña Freefest de Virgin, que recaudó 500.000 dólares, además de setenta y cinco mil horas de servicios a la comunidad, para diversas organizaciones como la National Alliance to End Homelessness (NAEH, alianza nacional para acabar con la falta de hogares). La sociedad hace que los fans de Gaga hablen del tema, y quizá, cuando los clientes de Virgin se enteren del proyecto, surjan nuevos fans.

Deles las llaves del Baile

Gaga creó una nueva tradición para la Born This Way Ball, su gira de 2012-2013. Regala una «llave para el Monster Pit» al primer o primera fan de la cola en cada una de las 110 paradas del espectáculo. Antes de empezar la gira, Gaga tuiteó una imagen de un collar que tiene un cráneo metálico con coleta (que recuerda al símbolo del que hablamos en el capítulo anterior). Gaga dice: «Éste es el collar[5] que regalaré al primer monstruo que sea el primero de la cola cada noche de la gira. Es un símbolo de la "llave" que abre el Pit». El Monster Pit es una zona delimitada de admisión general que rodea el escenario reservada para los fans más entusiastas. Aun así, Gaga tiene en su poder la llave auténtica, una versión mucho más grande de cartón (véase la Fig. 6.1). En un tuit posterior, puntualizó: «El fan firmará la llave auténtica del Monster Pit[6] y me la devolverá. En marzo de 2013 habrá 110 collares y firmas».

Gaga ha estado colgando fotos[7] en su perfil de Littlemonsters.com de quienes consiguieron la llave del Monster Pit para cada concierto. Ha convertido a esos fans incondicionales en estrellas del rock. Todos los miembros del uno por ciento de la comunidad de pequeños monstruos comprueban que un fan en cada concierto, entre decenas de miles, es elegido para

Figura 6.1. La pequeña monstruo Gary Sim posa
con la llave del Monster Pit del concierto de Singapur
de la gira Born This Way Ball, el 29 de mayo de 2012
(*cortesía de Gary Sim*).

disfrutar de ese privilegio. El hecho de que Gaga pida al fan
que firme la llave auténtica que guardará ella es muy especial.
Normalmente, los fans le piden el autógrafo a ella, pero en
este caso es al revés. Los propietarios de la llave del Monster
Pit también acuden al backstage y conocen a Gaga, que es donde firman la llave. Entonces cuelgan en su página del perfil de
Littlemonsters.com sus fotos en el backstage. No es nada nuevo que los artistas lleven a algunos fans al backstage. Pero lo

que ha hecho Gaga es ritualizar el proceso al recompensar a los fans a ultranza por su dedicación, y exhibirlos ante toda la comunidad. Los convierte en estrellas del rock por derecho propio.

Sea como Bruce

Bruce Springsteen es famoso por hacer subir al escenario a algunos fans para bailar. ¿Recuerda a Courtney Cox, inmortalizada como la fan que eligió Bruce para subir al escenario en el vídeo «Dancing in the Dark»? Para un fan, ésa es la experiencia definitiva de lo que es ser una estrella del rock. Gaga hace algo parecido en el Born This Way Ball, pero lo convierte en algo propio al ritualizarlo. Durante el último tema del concierto, «Marry the Night», Gaga elige a un o a una joven fan de las primeras filas. El o la fan parece tener unos once o doce años, y se convierte en parte de la narrativa que Gaga construye antes de que empiece la canción. Pregunta al fan cómo se llama y luego lo presenta al público. Tomándolo de la mano, camina hasta el final de una pasarela situada entre las filas de asientos de entrada general. Sin soltar la mano del o de la fan, cuenta la siguiente historia: «Cuando yo tenía tu edad,[8] solía quedarme tumbada de noche en mi cama y soñar que, si tocaba suficiente el piano cada día, si practicaba y si de verdad quería dedicarle tiempo, algún día sería una estrella. Solía actuar fuera, y a lo mejor tenía sólo a tres personas de público. Y luego actué en bares a los que asistían treinta personas. Y luego trescientos, y luego tres mil». En ese momento Gaga está situada detrás del fan, y tapándole los ojos con las manos, dice lentamente: «Entonces, un día[9]...», y apartando las manos de los ojos, prosigue: «hubo... treinta... mil... personas». Y mientras el público prorrumpe en aclamaciones y aplausos, Gaga dice: «Podrías ser tú.[10] Podría ser cualquiera en este mundo». Mira al fan sobre el escenario y dice: «Podrías ser tú». Y continúa: «No hay un sueño[11] demasiado grande. Y lo sé porque cada noche miro las caras de treinta mil sueños». Suenan los acordes lentos de «Marry the Night» y Gaga le canta a su fan. Mientras aumenta el ritmo trepidante del himno rotundo de New York City, ella empieza a saltar arriba y abajo, animando al público a que haga lo mismo, sin soltar en ningún momento la mano del fan. En esencia, ha tomado a un fan y le ha enseñado lo que experimenta ella en el escenario, narrándolo para los demás. Literalmente, el o la fan se ha convertido en la estrella. Ésa es una noche que ese fan jamás olvidará: estar junto a su ídolo delante de treinta mil personas. De hecho, es una noche que esas treinta mil personas tampoco olvidarán jamás.

Dar importancia a los regalos

Otra manera en que Gaga hace que sus fans se sientan estrellas del rock es exhibiendo sus regalos. Los pequeños monstruos son muy creativos, y no paran de crear objetos de arte relativos a ella, en los que a menudo incorporan los símbolos compartidos en la comunidad. Vierten su pasión y su creatividad en hacer algo que creen que le gustará a la cantante y también impresionará a sus colegas monstruos. Gaga ha convertido esto en un ritual en el Born This Way Ball. Durante una pausa en el espectáculo, ella y dos bailarinas se sientan en el borde del escenario, delante del Monster Pit. Los fans acuden al Ball con regalos que arrojan a Gaga, que los abre en el escenario. En la parada de la gira en Brisbane, Australia,[12] Gaga recibió un chaleco negro con la frase «Born This Way» pintada en la espalda, una garra gigante mecánica que se iluminaba en rojo al encenderla, y una caja cerrada con notas personales de una pandilla de fans. Por cada regalo que le gusta de verdad, pide a ese fan que suba al escenario. El espectáculo es ruidoso y fuera de serie, pero esos momentos son muy íntimos, porque conversa cara a cara con los fans que le han regalado cosas, delante de treinta mil más.

Reconozca lo destacable usando los medios sociales

La existencia del *fan art* es una indicación de que los fans están realmente comprometidos. Sólo los miembros del uno por ciento dedicarán tiempo a dibujar o crear una obra de arte para manifestar su pasión por la marca. Los pequeños monstruos saben que, además de la primera fila en los conciertos, Littlemonsters.com es el lugar donde exhibir el *fan art* ante Mamá Monstruo. La página inicial de Littlemonsters.com se parece a Pinterest en el sentido de que es una barra desplazable de imágenes. Buena parte de las obras las hacen los fans. Un día Gaga sale de su hotel ataviada con un vestido con mucho vuelo, blanco y sin tirantes, y con una diadema en la cabeza, y al día siguiente en la página aparecerán dibujos de Gaga con ese mismo atuendo. Parece que se pasea por la página casi todos los días, comentando y clicando en «Me gusta» cuando ve algo que le agrada. En sus cuentas de Facebook y Twitter también cuelga links al *fan art*. Conseguir que Gaga tuiteee tu arte a treinta millones de personas es, sin duda, un momento propio de una estrella del rock.

En el caso de una artista, su sueño de pequeña monstruo se hizo realidad. Helen Green, una británica de veintidós años, llevaba cinco meses colgando retratos de Gaga en su perfil de Littlemonsters.com. Un dibujo concreto[13] era un cartel de una película ficticia de Disney titulada *Born This Way*, donde Gaga aparecía como una princesa con la garra en alto. Gaga vio el dibujo y tuiteó un link al mismo, diciendo: «Esto es lo que más me gusta[14] de la vida. Sólo con poner ahí a Disney, ¿podemos hacerlo realidad?» Helen pudo conocer a Gaga en el concierto del Born This Way Ball en Twickenham, Inglaterra. Las dos conectaron, y Gaga envió un mensaje a Littlemonsters.com para anunciar una noticia: había contratado a Helen como parte de su equipo creativo en la Haus of Gaga:

SEÑORAS Y SEÑORES,
MONSTRUOS Y PRINCESAS,[15]
LES ROGAMOS den la bienvenida a Helen a la Haus of Gaga, siendo la primera pequeña monstruos [*sic*] reclutada para nuestra fábrica de la fama. Es una de las artistas jóvenes con más talento que he visto en mucho tiempo.

Todo mi amor. Ya os dije que erais
superestrellas, LG

Helen colgó un comentario como respuesta al post de Gaga:

¡Esto es increíble![16] Me cuesta encontrar palabras. Que Gaga en persona haya reconocido mi arte es lo más importante para mí. Que me den la bienvenida como la primera pequeña monstruo en formar parte de la Haus of Gaga es realmente fenomenal, y no pensaba que fuera siquiera posible. Esto no podría pasar si no existiera la comunidad de pequeños monstruos. Muchas gracias por compartir mi trabajo y respaldarme.

La comunidad de pequeños monstruos se volvió loca de entusiasmo: ¡uno de los suyos, reclutado para el círculo interior de Gaga! Todo el mundo se alegró por Helen, felicitándola por su trabajo. Gaga había convertido a esa joven artista en una estrella del rock en la comunidad.

En el mundo empresarial, el objetivo es centrar el foco en sus clientes y darles importancia ante la comunidad más amplia. Se puede hacer mediante un gesto pequeño o algo que conmocione su mundo y eleve su posición dentro de su comunidad de clientes. Veamos algunas ideas sacadas de otros negocios, para ayudarle a reflexionar.

Ejemplo de negocio: Ant's Eye View

Ant's Eye View es una empresa consultora de negocio social para *boutiques* que tiene oficinas en Seattle, San Jose y Austin. (Una revelación: yo trabajé para Ant's Eye View durante el episodio que estoy a punto de contarle. Además, en el momento de escribir esto, la empresa acaba de ser adquirida por PricewaterhouseCoopers.) Ant's Eye View es una empresa joven (sólo tiene cuatro años), pero está repleta de gente muy experta que se dedica al negocio social, procedente de algunas de las mejores compañías del país, entre ellas Microsoft, Dell, Apple, IBM, Intuit, LEGO y Electronic Arts. Los Ants, como se hacen llamar, ayudan a sus clientes de Fortune 1000 a centrarse más en sus clientes, relacionándose con ellos a través de los medios sociales. Les enseñan que los negocios no sólo crean clientes, sino que su propósito debería ser crear clientes que creen clientes. Es decir, el objetivo es tener un negocio del que valga la pena hablar. Buena parte de los proyectos que recibe Ant's Eye View se debe a que otras personas les han recomendado. Proporcionan estrategias sólidas de negocios sociales y también saben cómo hacer que un cliente se sienta como una estrella del rock ofreciéndole diversión cuando visita su ciudad.

Ese cliente es Rod Brooks, director de marketing para PEMCO Insurance. En mayo de 2010, Rod iba en avión a Austin para asistir a una conferencia, y después de un largo vuelo desde Seattle llegaba tarde. Sólo iba a estar en Austin treinta y seis horas, pero Ant's Eye View quería que su visita fuera memorable. Muchas compañías se hubieran limitado a llevar a su cliente a tomar unas copas o a cenar, pero los Ants querían hacer algo más a lo grande. Contrataron un servicio llamado Celeb 4 a Day («famoso por un día»), una empresa que envía *paparazzi* para convertir a alguien en una celebridad. Cuando Rod bajó por las escaleras mecánicas en la zona de recogida de equipajes, se vio rodeado de fotógrafos que empezaron a hacerle fotos y a gritarle preguntas. Debido a la conmoción resultante, los turistas sorprendidos empezaron a señalarle y a comentar en voz baja: «¿Quién es ese tío?» Rod contaba la experiencia en su página de Facebook:

> En ese momento, unos perfectos desconocidos[17] y compañeros de viaje sacaron SUS CÁMARAS y empezaron a hacerme fotos. ¡Hasta hablaron de firmar autógrafos! A estas alturas, yo ya les seguía la corriente. La verdad es que fue una bienvenida de lujo. Salimos por la puerta y nos dirigimos al parking. Seguían haciéndome fotos, y el tráfico que circulaba por el aparcamiento reducía la velocidad y los conductores contemplaban la escena.

Sean McDonald, vicepresidente y director general de la oficina de Ant's Eeye View en Austin, dice lo siguiente sobre la idea de convertir a su cliente en una estrella del rock:

> El resultado fue espectacular,[18] porque Rod es un tío muy majo y le encantan las personas (incluso a las 23:15 en el aeropuerto de Austin). Durante la [conferencia], escuché cómo Rod explicaba su experiencia memorable del recibimiento que le hicieron en Austin. A Rod lo llevaron en coche hasta su hotel después de responder a todas las preguntas de los *paparazzi* y ver cómo le hacían más de 100 fotos en 15 minutos. [Ant's Eye View] tuvo la oportunidad no solamente de dar las gracias a un cliente, sino de hacerle un homenaje gracias a unos recuerdos divertidos, unas fotos y una anécdota que se cuenta una y otra vez.

Figura 6.2. Ant's Eye View ofrece a su cliente PEMCO CMO, Rod Brooks, el tratamiento de las estrellas (*Sean McDonald*).

El momento de gloria de Rod se convirtió en una portada de revista, donde no faltaron ni su imagen ni alguna cita (véase Fig. 6.2).

Hasta un gesto pequeño puede hacer que sus clientes entiendan que usted les aprecia. Sea creativo y dé a sus clientes algo de lo que hablar.

Ejemplo de negocio: Chevrolet

Chevrolet creó el programa Chevy Ignites para dar notoriedad a los clientes a quienes les encanta su marca de coches. Spike Jones (ex vicepresidente en el ámbito de la experiencia del cliente y los comentarios digitales interpersonales) en Fleishman-Hillard, contribuyó a crear este programa. Dice Jones: «El concepto seminal es [...][19] [que la marca] se convierta en fan de nuestros fans y proyecte sobre ellos el tremendo foco de Chevy».

Chevy y Fleishman-Hillard buscaron a personas que fueran fans, tuvieran buenas anécdotas y carecieran de una gran presencia social. Las abordaron en diversos eventos o por *e-mail* e hicieron un seguimiento mediante una llamada telefónica. Una vez que contactaron con ellas, enviaron a los fans una tarjeta metálica troquelada que los dirigía a una URL secreta, y que contenía un número y una contraseña personalizados. El anverso de la tarjeta decía: «Le estábamos esperando».

Una vez en la web, los fans podían solicitar una camiseta de edición limitada (que no contenía el logo de Chevy pero sí el del programa Chevy Ignites, que figuraba en el diseño). Entonces los fans podían compartir sus experiencias, interactuar con otros y mantenerse al día de los eventos celebrados en su área.

Chevy descubrió a Jared Gaff, residente en Dallas, Texas, un inmigrante irlandés apasionado por el diseño gráfico y los coches potentes. Fleishman-Hillard se pasó un día con él en su casa de Dallas con un equipo de rodaje, y le pidió que hablase de sus pasiones. Jones explica: «No le dimos un guión[20] ni le indujimos a hablar de nada en concreto. Podía decir lo que quisiera, de modo que nos habló de cómo se inició en el diseño gráfico [...] y cómo ahorró dinero para comprarse el coche de sus sueños: el Camaro SS nuevo de trinca.

»Montamos el vídeo, se lo dimos y le dijimos: "Muchas gracias por su tiempo", y nos fuimos. No lo colgamos en ninguna página publicitaria de Chevy». Por otra parte, Gaff inmediatamente colgó el vídeo en los tableros de mensajes sobre coches y habló de su experiencia al grabarlo. El vídeo lo vieron trece mil personas en YouTube, y Jared se convirtió en la persona más influyente en Twitter sobre el tema de los Camaros. Chevy hizo que Jared Gaff se sintiera una celebridad, siendo la estrella de su propio minidocumental. Y encima le dieron algo de qué hablar con otros.

Ejemplo de negocio: eBay

La página web de subastas *online* eBay ya hace mucho tiempo que entendió que sus clientes, los vendedores, son la esencia de su negocio. En 2002, eBay celebró el primer evento eBay Live! en Anaheim, California. Fue una conferencia anual de tres días para los usuarios de eBay, que se reunieron para hablar de todo lo relacionado con esta página y, en concreto, de cómo aprovechar eBay como instrumento de negocio. «Fue un acontecimiento[21] cuyo momento ya había llegado», dijo Tom Cotton, uno de los coordinadores de eBay Live! «La idea de eBay Live nació del deseo de homenajear sinceramente a la comunidad de compradores y vendedores que son el corazón y el alma de esta empresa. Hemos tenido un éxito sorprendente al trabajar "juntos" en el mundo virtual, pero sentíamos que ya era hora de hacerlo. Queríamos poner cara a cara a las personas que hacen eBay, compradores, vendedores y miembros del personal.» Ese primer encuentro superó las expectativas de eBay, reuniendo a más de 5.600 asistentes de diecinueve países distintos. «La mayoría de compañías se define[22] por sus productos, sus ejecutivos y sus objetivos financieros —dijo a los asistentes de esa primera reunión la directora gerente de eBay, Meg Whitman—. eBay no [...] A eBay la definen ustedes.»

En su mejor momento, eBay Live! atrajo a unos quince mil asistentes. Había una actividad en la conferencia diseñada para hacer, literalmente, que los usuarios se sintieran estrellas. Para acceder a la sala de conferencias para la cena de gala de la inauguración, donde el director general Whitman y otros ejecutivos se dirigirían a los asistentes, los clientes caminaron por una alfombra roja, flanqueados por ochocientos empleados de eBay vestidos con camisas azules, que les aplaudían. Además había un cámara al principio del recorrido, y proyectaban las imágenes de los clientes en una pantalla gigante situada fuera de la sala, como si fuera una ceremonia de entrega de premios. Los clientes se quedaron «anonadados [...][23] con los ojos arrasados en lágrimas», como dijo una persona en un foro de eBay al describir el episodio. Para los clientes, que una compañía que les prestaba un servicio les tratase como estrellas del rock supuso un impacto considerable. Un vendedor de eBay descargó en YouTube un vídeo que había grabado del evento eBay Live! de 2008, y en la descripción del vídeo compartía este sentimiento:

> ¡Ése fue uno de los grandes momentos[24] de mi vida que nunca olvidaré! Ebay me trató como a un rey durante la gala de Ebay Live en McCormick Place, Chicago. Ebay me trató mejor en una semana que durante los catorce años que he estado en mi trabajo habitual (hora de trabajar para Ebay a tiempo completo). Los 800 empleados recibieron a los asistentes a ambos lados de una alfombra roja, y los aclamaron (¡Caray! ¡¡Me sentí como una estrella del rock!!)

Como nota marginal diré que eBay Live![25] se interrumpió en 2010 debido a su tamaño poco manejable. eBay lo sustituyó por numerosos eventos más reducidos por todo el país. Se han asociado[26] con grupos locales de vendedores de eBay para organizar estos encuentros, y en algunas ciudades han recreado el tratamiento de la alfombra roja.

||||||||||||||||||||||

Hacer que sus clientes se sientan como estrellas del rock es algo que tardarán en olvidar. Como decía el vendedor de eBay, a menudo nuestros jefes (y puede que incluso nuestros familiares) nos dan por hecho. Cuando alguien o algo nos hace sentirnos especiales, esto fomenta un vínculo emocional. Es un sentimiento del que hablaremos con otros durante mucho tiempo.

Gaga, Ant's Eye View, Chevy y eBay descubrieron formas creativas de tratar a sus clientes como estrellas del rock, dándoles motivos para hablar de ellas. Ahora analizaremos cómo consigue Gaga que sus pequeños monstruos, y todos los demás, sigamos hablando y comentando casi todo lo que hace.

Haga algo que dé que hablar

«Cuando uno hace música[1] o escribe o crea,
su trabajo consiste en tener una relación
alucinante, irresponsable, de sexo sin protección,
con cualquier idea en la que se centre en cada
momento.»

LADY GAGA

Traducción del mensaje anterior de Gaga: cuando se trate de su trabajo, no vaya con tiento. Nadie habla de los productos ni de las compañías que no destacan. Tal y como lo ve Gaga, trabaje en lo que trabaje, tiene que apuntar a lo más alto. Hágalo a lo grande o váyase a casa. Cree algo notable. En este caso la lección consiste en inducir a quienes forman su uno por ciento a hacerle publicidad dándoles algo de qué hablar. A sus fans más apasionados les encanta hablar de usted, pero debe asegurarse de que siempre tengan algo de que hablar. La clave es destacar, hacer algo que llame la atención, de modo que la gente lo comente con otros. Tiene que crear una «vaca lila»,[2] como ilustró mi amigo Seth Godin su superventas del mismo título. Una vaca lila destacará entre una manada de vacas marrones, y las personas hablarán de ella. En este capítulo le mostraré cuál es el enfoque que adopta Gaga para generar cosas de las que hablen sus pequeños monstruos, añadiendo algunos de sus ejemplos más famosos. También le indicaré cómo se las arreglan dos empresas para que sus miembros del uno por ciento hablen de ellas.

Lady Gaga es una profesional a la hora de dar de qué hablar y conseguir que la gente comente. Es una artista de verdad y no tiene miedo de correr riesgos. Pero el verdadero genio radica en lo que hay detrás de la capacidad de impactar que tienen sus extravagancias. Cada idea estrafalaria está fundamentada en un mensaje acompañado de su correspondiente simbolismo. Gaga cree que si uno quiere hacer algo, tiene que hacerlo para alucinar a todo el mundo. A lo grande. Defienda algo y expréselo con su arte. Gaga explicó a Anderson Cooper, en una entrevista a *60 Minutes*: «Soy toda una académica[3] en lo relativo a la música y a todo lo que tiene que ver con mi estilo, mi moda. Jamás me he puesto nada sin entender de dónde venía, a qué hacía referencia, quién lo inspiró. Siempre expreso algún tipo de historia o de concepto». En cierto sentido, dirige sus actuaciones a los pequeños monstruos mientras, al mismo tiempo, da qué hablar a los que no forman parte del círculo íntimo. Aunque es posible que los medios de comunicación y los observadores casuales no siempre capten el mensaje matizado oculto en sus prendas de vestir estrambóticas o en sus actuaciones, los pequeños monstruos analizarán y comentarán en los foros de fans *online* (Twitter y Littlemonster.com) qué significan las cosas. A menudo Gaga participará en la conversación para ayudarles a comprenderlas. Esto ayuda a estrechar los lazos dentro de la comunidad de fans, porque la «captan» aunque los de fuera no lo hagan. Pero también consigue que esos foráneos hablen de ella, se hagan preguntas e intenten interpretar sus actos. A los fans les inspira el modo en que Gaga desplaza las fronteras mediante su arte, y se sienten orgullosos de formar parte de una comunidad que marca tendencia:

Me siento muy feliz[4] de ser fan de Gaga y no de un artista más básico. Soy consciente de que Gaga será siempre eso: INNOVADORA, y eso hace que me sienta orgullosa de ella para siempre. Me da esperanza respecto a su futuro maravilloso como artista. Intenta innovar y ser original en todo, no sólo en la música, sino también en la moda, los medios sociales y los conceptos para sus espectáculos. UNA CHICA INCREÍBLE, UNA LEYENDA.

Comentario de una fan, usuaria «BestStatus», en un foro GagaDaily.com

Veamos tres ejemplos de cómo Gaga ha conseguido que la gente hable de ella.

El vestido de carne

«Nunca pensé que le pediría a Cher[5] que me sujetase el bolso de carne.» Esto fue lo primero que dijo Gaga sobre el escenario cuando recogió de manos de Cher el premio para el Vídeo del Año por «Bad Romance», en la ceremonia de los Video Music Awards de la MTV de 2010. Antes de concluir la noche recibiría siete premios más, consiguiendo el puesto número dos en el ranking de premios conseguidos en una sola noche. Pero la gente no hablaba de los ocho galardones. Lo que hizo hablar al público fue el vestido, los zapatos, el adorno para el pelo y el bolso de Gaga, confeccionados totalmente de carne cruda. Con su vestido de filetes rojos, fue todo un espectáculo sobre el escenario.

Después de la ceremonia, la reacción de los medios de comunicación fue locuaz a la par que variada. La PETA (People for the Ethical Treatment of Animals) denunció el vestido,[6] diciendo que «llevar una prenda hecha de trozos de vacas muertas es lo bastante ofensivo como para hacer comentarios, pero alguien debería contarle al oído que esa carnicería molesta más de lo que fascina». El cantante vegetariano[7] Morrissey no tuvo ningún problema con el vestido siempre que fuera una afirmación social o política, y no sólo «una idea loca». La revista *Time* calificó[8] el conjunto como «la máxima declaración de moda de 2010». Incluso Cher, que experimenta osadamente con la moda, se quedó impresionada, tuiteando: «¡El bolso de carne fue genial![9] [...] Como objeto de arte, [el vestido] fue increíble».

Tal como había supuesto correctamente Morrissey, el vestido era algo más que alta costura vacuna. Gaga, defensora desde hace ya mucho tiempo de los derechos de los homosexuales, usó el vestido para llamar la atención sobre el posible rechazo a la política «No preguntes, no digas» del ejército estadounidense. Esta política excluía del ejército a las personas abiertamente gays, lesbianas o bisexuales. Gaga ya había hecho unas declaraciones[10] previas sobre esta política (DADT, por sus siglas en inglés) en un discurso que pronunció en la Marcha Nacional por la Igualdad en Washington D. C., en octubre de 2009. Pocos meses antes de la ceremonia de entrega de premios de la MTV, en mayo de 2010, la Cámara de Representantes estadounidense aprobó la enmienda Murphy a la Ley de autorización de defensa nacional, que sentaría las bases para el rechazo de la DADT. Ahora estaba en manos del Senado votar esa derogación. Gaga pretendía presionar al líder de la mayoría del Senado, Harry Reid, para que votase en contra de la ley. Quiso utilizar la ceremonia de los premios de la MTV para hacer una declaración. ¡Y vaya si la hizo!

Vestida con un traje de Alexander McQueen rojo y dorado, de corte renacentista, y un tocado con una pluma dorada, recorrió la alfombra blanca con cuatro veteranos militares que formaban parte de la Servicemembers Legal Defense Network, un grupo opuesto a la DADT. Sobre la alfombra blanca Gaga declaró a Sway, de la MTV: «Estos soldados[11] que me acompañan han sido expulsados de las fuerzas aéreas o del ejército de tierra o han optado por abandonarlos... Sus historias son una fuente de inspiración, y en mi opinión (y en la de tantas personas jóvenes de este mundo), la política "No preguntes, no digas" es un error, es una lacra, es inmoral». Gaga pagó a los veteranos[12] para que asistieran al evento, y les proporcionó los mejores asientos en la fila posterior a la suya, en Los Ángeles Nokia Center.

Cerca ya del final del espectáculo, Gaga se cambió poniéndose el famoso vestido de carne, lo cual llamó la atención generalizada de los medios cuando obtuvo el premio máximo de la noche, el del Vídeo del Año. La idea subyacente en el vestido era ilustrar que por debajo del color de nuestra piel, nuestras religiones y credos, todos estamos hechos de carne y hueso. «Para mí es desolador saber[13] que mis fans que son gays [...] se sienten como si el gobierno los oprimiera. Por eso me he puesto este vestido esta noche», explicó Gaga en una entrevista con Ellen DeGeneres, rodada justo después del espectáculo de la MTV. Vestida aún con el traje de carne, que a estas alturas ya desprendía cierto olor, Gaga dijo: «Si no defendemos[14] lo que creemos, y si no luchamos por nuestros derechos, muy pronto tendremos tantos derechos como la carne que cubre nuestros huesos».

Aquella noche Gaga envió un tuit a su ejército de Twitter, de seis millones de efectivos, donde aparecía en una foto rodeada de su escolta militar: «Los veteranos gays fueron mis acompañantes en la VMA.[15] Rechaza "No preguntes, no digas". LLAMA A HARRY REID para programar el voto del Senado». Reid le contestó por Twitter[16] que ya había programado la votación para la semana siguiente.

En un momento posterior de 2010, el Senado promulgó por fin la derogación y el presidente Obama la firmó el 22 de diciembre de 2010. Ahora bien, no insinúo que el vestido de carne fuera el catalizador de aquella derogación, pero Gaga consiguió que el mundo hablase del tema, y con su ingenio convirtió un vestido hecho de filetes en un símbolo de los derechos de los gays. Puso el vestido de carne a la altura de su boca, y defendió su postura sobre un tema tan importante para ella y para la comunidad gay. Indujo a los pequeños monstruos a la acción, a que intentasen cambiar esta ley discriminadora.

El vestido de carne sigue dando de qué hablar. Tras la ceremonia de entrega de premios de la MTV, Gaga hizo secar el vestido, conservarlo y pintarlo para devolverle su color original. En septiembre de 2012 el Rock and Roll Hall of Fame inauguró una gira nacional dedicada a las mujeres pioneras de este género musical, subrayando la evolución de las artistas y su impacto sobre la música. La directora de la exposición «Women Who Rock: Vision, Passion, Power» («Mujeres que hacen rock: visión, pasión, poder»), Meredith Rutledge-Borger, declaró a Associated Press que era esencialmente política, en parte, porque destacaba a muchas «primeras damas del rock» que por medio de su música habían hablado alto y claro sobre los derechos de las mujeres y de los gays, así como de otros temas. Según Rutledge-Borger, más allá del valor que tenía el vestido como elemento impactante, la defensa que hizo

Gaga para la inclusión de los gays o de cualquiera que sea diferente contribuyó a fortalecer su posición como pionera. «Si profundizamos un poco más,[17] hallaremos este mensaje importante sobre la inclusión y la familia», dijo. «Yo pienso que eso es lo que la hace tan poderosa.»

El perfume

La lista de celebridades de la música que tienen su propia línea de perfume es bien larga: Beyoncé, Jennifer Lopez, Christina Aguilera, Mariah Carey, Faith Hill, Rihanna, Taylor Swift, Katy Perry, Shakira, Gwen Stefani y Britney Spears. Hasta Justin Bieber tiene un perfume. De hecho, tiene dos.

Pero Gaga, que es famosa por no hacer lo mismo que los demás, se mostraba escéptica. No quería otro típico perfume de una celebridad. «No me convencía.[18] Al principio no me apetecía hacerlo. Pero quería crear una fragancia que hiciera preguntarse a todos los perfumistas "¿Cómo han hecho esto?"», explicó Gaga a la revista *Vogue*.

En la primera reunión que tuvo Gaga con los ejecutivos de Coty, la empresa de perfume que quería asociarse con ella, les planteó su idea. El perfume, que se llamaría Fame, debía ser de color negro dentro del frasco, pero una vez nebulizado tenía que ser transparente. Les dijo: «Debe tener un aroma seductor.[19] Quiero que tenga un aspecto que dé miedo, pero que induzca a chuparlo, tocarlo y sentirlo».

Al principio, Coty se mostró reacia. Yael Tuil, vicepresidenta del departamento de marketing mundial de Coty Beauty's, recuerda: «En aquel momento yo estaba embarazada.[20] [Cuando escuché la idea] me puse a sudar. Dije: "¡Santo cielo! ¡Eso es imposible! ¿Cómo vamos a hacerlo?"»

Pero, dada la oportunidad de asociarse con la superestrella del pop más famosa del mundo, y crear un perfume del que hablase todo el mundo, Coty decidió intentarlo. Desafiaron a sus científicos de I+D para que hicieran realidad la visión alocada de Gaga. Y los científicos lo consiguieron. Inventaron una tecnología para crear un perfume que pasa de opaco a transparente, que está pendiente de patente. Tuil alaba a Gaga por inducirles a pensar de una manera nueva, diciendo: «Lo cierto es que impulsó[21] la innovación más importante en la industria del perfume en los últimos veinte años. No hay duda de que está ampliando fronteras».

El perfume viene en un envase negro y estilizado, que contiene una botella en forma de huevo con un líquido negro en su interior, rematada por unas garras de monstruo de color dorado. La parte trasera del envase detalla los ingredientes: lágrimas de belladona, corazón triturado de *orchidea* tigre, con un velo negro de incienso, albaricoque pulverizado y las esencias combinadas de azafrán y gotas de miel.

La campaña publicitaria para Fame fue tan inusual como el propio perfume. Gaga admite que nunca imaginó que los responsables de Coty Beauty aprobasen sus anuncios provocativos en blanco y negro, que la muestran completamente desnuda, mientras unos hombrecitos diminutos se pasean por su cuerpo al estilo de *Los viajes de Gulliver*. Los hombrecitos, situados estratégicamente, parecen pequeños monstruos. Literalmente.

Gaga dijo: «Los dos [el fotógrafo Steven Klein y yo] pensamos:[22] "Vamos a organizar la campaña publicitaria de un perfume más épica de todos los tiempos, sin tomar en consideración si la pueden imprimir o rodarla para la televisión. Hagamos todo lo que soñamos hacer". Básicamente, hicimos esto por el mero placer de trabajar juntos. Era como estar los dos sentados en un rincón pensando: "¡No me puedo creer que nos dejen hacer esto!"»

Tras haber vendido seis millones de frascos[23] en la primera semana, es la fragancia que se ha comprado más rápido después de Chanel n° 5.

Renato Semerari, presidente de Coty Beauty, resume la actitud de Gaga respecto a cualquier proyecto del que forma parte: «Es una artista[24] que nunca está satisfecha con las cosas tal y como están; siempre encuentra la manera de desafiar a todo el mundo e intentar hacer algo más, algo diferente». Esta energía para cuestionar sin cesar el status quo y obtener un éxito tras otro cuando lo hace son las cosas que inducen al mundo a seguir hablando.

El huevo

«Lady Gaga está incubándose.[25] Se encuentra en un estado embrionario y no nacerá hasta el espectáculo», anunció a la prensa un miembro del séquito de Gaga antes del inicio de la 53ª ceremonia de entrega de los Grammy, en febrero de 2011.

La prensa, los fans y el público televisivo vieron boquiabiertos cómo Lady Gaga, tumbada en el interior de una especie de huevo traslúcido, avanzaba por la alfombra roja a hombros de cuatro modelos con poca ropa, vestidos en tonos color piel. Es posible que Kelly Osbourne, la hija del roquero Ozzy

Figura 7.1. Lady Gaga llega en un huevo a la 53ª ceremonia de entrega de los premios Grammy en Los Ángeles, California, el 13 de febrero de 2011 (*Krista Kennell/Sipa/AP Photo*).

Osbourne, fuera quien mejor lo resumió cuando, durante el espectáculo, tuiteó: «Lo verás pero no lo creerás;[26] mira cómo @ladygaga se presentó en los Grammys» (véase Fig. 7. 1).

En esa ocasión Gaga cantaría el primer sencillo de su nuevo disco «Born This Way», un tema del mismo nombre. La canción era muy distinta a la mayoría de las que había compuesto para su primer álbum, que hablaban de los clubes, los chicos y las facetas tenebrosas de la fama. Tal como explicó más tarde Gaga en *The Tonight Show*,[27] con Jay Leno: «"Born This Way", desde los puntos de vista visual, temático y lírico, habla de dar a luz una nueva raza, una raza dentro de la raza de las culturas existentes de la humanidad, que no tenga prejuicios y no juzgue».

La letra de la canción invita a personas de todas las razas y todas las orientaciones sexuales, así como a aquellos que han padecido acoso o se sienten desplazados, a que sean valientes y crean en sí mismos.

Cuando se publicó el tema, se convirtió en el número 1 que hacía mil en la lista Hot 100 de *Billboard*. Más adelante *Billboard* dijo que en los cincuenta y dos años[28] de listas musicales, éste era el primer número 1 que mencionaba la palabra «transexual». Es posible que Gaga no pretendiera escribir el nuevo himno de los homosexuales, pero eso es lo que sucedió. Elton John dijo que la canción[29] «dejará atrás por completo a *I Will Survive*, de Gloria Gaynor. Éste es el nuevo *I Will Survive* [...] Éste es el nuevo himno de los gays. En realidad, no es un himno de los gays, porque se puede aplicar a todo el mundo». Los pequeños monstruos adolescentes se volcaron también en la canción, diciendo *online*, en los foros de fans de Gaga, que este tema había cambiado sus vidas y les había hecho sentirse mejor siendo quienes eran. Les dio esperanza en momentos de depresión y les ayudó a ser valientes para enfrentarse a los acosadores escolares y a los compañeros que se burlaban de ellos.

Gaga explicó qué pensaba al escribir el tema:

Quería apostar mi dinero[30] justo donde está mi boca. Los pequeños monstruos de todo el mundo, además de la comunidad gay, me han apoyado muchísimo con el paso de los años, y por mi parte les he correspondido [...] Ésta es mi oportunidad de crear algo que no sólo respalde mis opiniones políticas y sociales, y no sólo para la comunidad gay, sino para todo el mundo [...] También es mi oportunidad para decir, con mi arte: «Con este disco me la juego». No intento conseguir nuevos fans. Me gustan los que ya tengo, y esto es para ellos.

Cuando llegó el momento de presentar la canción al mundo, Gaga eligió el escenario universal de los Premios Grammy. Ya había captado la atención de todo el mundo antes del espectáculo al salir del huevo, o «vasija», como querían definirlo los diseñadores, titanes de la moda, Hussein Chalayan y la House of Mugler. Luego Gaga se dispuso a idear una introducción para su actuación que rematase la faena. Mientras sonaban los primeros acordes de «Born This Way», llenando el gigantesco Staples Center de Los Ángeles, la llevaron al escenario dentro de una versión más grande del huevo. Con voz grave, Gaga pronunció las primeras frases de la canción: «Da igual si le quieres a él o a E-L en mayúsculas... Arriba las garras... Porque naciste así, cariño...»

Se abrió una trampilla en la parte superior de la vasija. Gaga, vestida con un conjunto de látex color carne, micrófono en mano, salió cantando. Pero parecía otra. Su cabello era de color rosado, moteado por algo parecido a restos de líquido amniótico. Sus pómulos se habían convertido en pequeños cuernos. En sus hombros lucía unas protuberancias de aspecto óseo. Parecía haber renacido como parte de una raza alienígena.

«Estaba pensando en el nacimiento.[31] Pensaba en embriones. Incluso mi pelo tenía un tinte rosado... pretendía ser una expresión capilar, un posparto», explicó más tarde a Jay Leno. Rodeada de sus bailarines con un atuendo parecido, parecen una raza extraterrestre recién nacida. Una vez más, Gaga utilizó una *performance* para transmitir un mensaje que era importante para ella. Todos somos iguales, tenemos el mismo ADN. Deberíamos tratarnos con aceptación y con amor. Lo hizo de un modo que generó ideas y dio pie a pensar cosas nuevas.

Al final de la noche, había obtenido tres Grammy: al Mejor Álbum Vocal Pop femenino, Mejor interpretación solista pop y Mejor vídeo musical de formato corto por el tema «Bad Romance». La opinión de Gaga sobre esa velada fue: «No sólo nos llevamos a casa algunos premios,[32] lo cual fue un honor y un sueño que tuve desde que era muy, muy joven, sino que el mensaje de "Born This Way" es muy positivo, y se centra en la autoestima y el apoyo a uno mismo».

Al día siguiente, el huevo estaba en boca de todos los fans y los medios de comunicación. Se habló de él en todo el mundo. Pero también se comentó la nueva canción y su significado. Inmediatamente los pequeños monstruos se apiñaron en torno al tema, etiquetando tuits como «#bornthisway». Gaga había utilizado su arte histriónico no sólo para llamar la atención sobre su nuevo sencillo, sino también para inducir al mundo a pensar sobre su visión de transformar la cultura en un mundo más amable y feliz, donde se valore a todo el mundo.

Tal como nos ha demostrado Lady Gaga, lo que provoca la imaginación y la creatividad de los fans es la combinación de dar algo de qué hablar y el contenido del mensaje. Provocar comentarios solamente para intentar que la gente hable llega hasta un cierto punto y luego se desvanece. Pero crear experiencias importantes de maneras que atraigan la atención de la gente tiene una fecha de caducidad mucho más lejana, y la capacidad de incitar conversaciones entre clientes y de crear energía entre ellos. Cuando escribo estas líneas, Gaga ya ha conseguido que la gente hable sobre su próximo disco, *ARTPOP*, que ni siquiera tiene aún fecha de lanzamiento. Parece ser que no se tratará de un álbum corriente, sino de una experiencia multimedia que presentará diversas formas. Anunció a los fans de Littlemonsters.com[33] que una de las maneras en que se publicará el trabajo será por medio de una aplicación para móviles y ordenador, o *app*, y que «es totalmente interactivo, con chats, películas para cada tema, canciones extra, contenido, juegos inspirados en ella, últimas noticias de moda, revistas, ¡y más cosas que aún están por acabar!» Explicó los motivos de este formato: «Me habéis inspirado para crear algo que transmitiera[34] el mensaje con imágenes, porque VOSOTROS lo hacéis, VOSOTROS os comunicáis conmigo y unos con otros por medio de regalos y fotos, trabajos artísticos, gráficos, LAS 24 HORAS DEL DÍA, SOIS una generación ARTPOP. Espero que todos sigáis creciendo juntos y os mantengáis conectados por medio de vuestra creatividad». Decir que esos fans están emocionados es quedarse muy corto. Conversan diariamente en páginas de fans y el Littlemonsters.com, especulando sobre las canciones, los colaboradores, la aplicación y qué significa exactamente *ARTPOP*. Seguramente el álbum no saldrá hasta la primavera de 2013, pero ya da la sensación de que Gaga ha tenido «una relación alucinante, irresponsable y de sexo inseguro»[35] con el concepto del disco.

Dos compañías que han comprendido esta idea han creado experiencias interactivas para sus clientes, e inducen a la gente a hablar. El Big Knit anual que celebra Innocent para recaudar fondos benéficos y FreshBooks RoadBurn ofrecen una combinación infrecuente: dar a los clientes algo sobre lo que hablar y asegurarse de que ese algo es significativo y cautivador. ¿Cómo conseguir que los clientes se aglutinen apoyando una causa? Potenciando el factor de comunicación de persona a persona.

Ejemplo de negocio: Innocent

Innocent, la empresa de batidos y zumos de fruta con sede en Inglaterra, ofrece una mirada a una campaña de éxito que hace que la gente hable de ella. La compañía dona el 10 por ciento de sus ingresos a la beneficencia. Esto, por sí solo, ya es importante. Tienen una manera de hacerlo que involucra a sus clientes y les da algo significativo que hacer suyo: el Big Knit anual. Piden a los clientes que tejan pequeños gorros para sus botellas de zumo y de batido que, durante dos semanas, se expondrán en grandes supermercados cada mes de noviembre. Por cada botella que se venda, Innocent dona veinticinco centavos a Age UK, una organización benéfica que ayuda a los ancianos a pagar sus facturas de calefacción a lo largo del crudo invierno inglés. Según su página web: «Sacamos las agujas por primera vez[36] hace nueve años, cuando tejimos 20.000 sombreritos para reunir 10.000 libras esterlinas para Age Concern. Desde entonces, el Big Knit ha ido creciendo cada año, y en 2011 superamos el récord del millón de libras conseguido a lo largo de la historia de la campaña». En 2011, se vendieron en la compañía 1,5 millones[37] de gorros.

A los simpatizantes se les anima a crear sus propios círculos de ganchillo, para involucrar a sus amigos en el esfuerzo.

Figura 7.2. Ejemplos de gorritos tejidos por los clientes
para la campaña Big Knit de Innocent (*Innocent*).

Innocent proporciona todos los materiales, incluyendo las invitaciones, un «somberómetro» para saber el número de sombreros tejidos, así como patrones e instrucciones para su elaboración. Innocent también usa su página de Facebook para que los fans voten «el sombrero de la semana». La gente no se puede resistir a comprar una de las botellas que se alinean en la estantería de la tienda, con sus gorritos cálidos y suaves (véase Fig. 7.2). ¿Usted podría?

A medida que va creciendo el Big Knit, es evidente que la capacidad para dar que hablar nace, en gran medida, del deseo que tiene la gente de marcar la diferencia en sus comunidades, y encontrar un trabajo con sentido que puedan hacer. La idea de hacer gorritos para las botellas de batido de frutas es creativa y divertida, pero no hubiera mantenido la atención del público mucho tiempo de no ser por el trabajo benéfico, muy real y con un propósito claro, que contribuye a respaldar.

Ejemplo de negocio: FreshBooks

FreshBooks es una compañía con sede en Toronto, Ontario, que proporciona servicios de contabilidad y facturación en la nube a millones de usuarios, ayudándoles a enviar, recibir, imprimir y pagar facturas. En 2008, la compañía inauguró el FreshBooks RoadBurn, una manera de viajar y reunirse con los clientes en sus domicilios y sus lugares de trabajo. Basándose en el supuesto de que una compañía debe escuchar a sus clientes (escucharles de verdad), la compañía decidió viajar en un turismo adornado con el logo de FreshBooks, y quedar para comer o para reunirse con los clientes por el camino. Esta idea que da tanto que hablar, bautizada RoadBurn, despegó. La compañía explica en el blog de RoadBurn[38] que «el RoadBurn de FreshBooks puede parecer un truco publicitario, pero en realidad refleja bastante la esencia de FreshBooks [...] escuchar a su hermosa base de clientes y llegar a conocerlos en un grado que requiere un esfuerzo que otras compañías no han hecho».

El director gerente de FreshBooks, Mike McDerment, habló con la experta en experiencia del cliente Becky Carroll, sobre el primer RoadBurn, que se celebró de camino a la conferencia SXSW[a] en Austin, Texas: «[Nuestro equipo de tres personas] quedó para comer[39] once veces en un periodo de cuatro días, reuniéndose con más de cien clientes para desayunar, almorzar y cenar». Además de formular preguntas de sus clientes, los animaron a relacionarse entre sí. Al final de esas comidas, muchos de los clientes intercambiaban tarjetas de visita y planeaban hacer negocios unos con otros. Saul Colt, ex director de magia en FreshBooks, explica cómo RoadBurn corrió de boca en boca. Según dice él: «Los comentarios se deben al hecho de que nos reunimos[40] con algunas personas hasta tres veces en un viaje. Este tipo de esfuerzo hace que la gente comente. Conocimos a uno de nuestros clientes en Miami, en [la conferencia sobre el futuro de las aplicaciones web], y luego quedamos con él para almorzar en su ciudad natal, que estaba en nuestra ruta, y más adelante cenamos una noche con él en Austin, en la SXSW. Crear vínculos auténticos con los clientes es algo que a la gente le gusta, ¡y de lo que habla!» Las claves del éxito de ideas como ésta son su capacidad de inducir a hablar a sus clientes (entre ellos, hablar de FreshBooks y de RoadBurn) y de encontrar maneras significativas de participar unos con otros en los servicios de la empresa. Saul dice:

Nuestros objetivos para el viaje[41] eran muy sencillos. Queríamos reunirnos con todos los clientes que fuera posible, y crear una relación propia del mundo real con los increíbles clientes que usan nuestro servicio *online*. Como nos íbamos a reunir con usuarios ya existentes, no consideramos que fuera un viaje de ventas, sino más bien una oportunidad para escuchar. Al reunirnos con nuestros clientes y escucharles, no sólo podíamos derivarlos a otros clientes de FreshBooks, sino también aprender mucho sobre lo que les gusta (o les ENCANTA) de FreshBooks, y qué les gustaría ver en las actualizaciones futuras. No puedo expresar con palabras lo mucho que esto nos ayuda.

Otra manera en que RoadBurn corrió de boca en boca fue mediante el uso que hace FreshBooks de los medios sociales y los foros *online*. Según Saul, pudieron «evaluar[42] el interés que sentían las personas por nuestro viaje en función de los comentarios en los blogs y, lo que es más importante, en Twitter [...] Seguimos todos los comentarios que se hacían sobre nosotros y conversábamos con quienes los dejaron. Como resultado, ¡aún tuvimos más seguidores que hablaban de nuestro viaje!»

Saul describe con precisión la idea de generar algo importante de lo que hablar cuando dice: «Los clientes siempre son más[43] que clientes. Son personas. Sin duda, usted leerá esto y pensará que es hablar por hablar, o que es un cliché, pero una vez que haya compartido un almuerzo con alguien y haya conversado de cosas que no tienen que ver con el trabajo, le verá de una forma diferente y querrá darle más de lo que ya le ha dado. Esto no es algo que haya aprendido en este viaje, pero el viaje confirmó lo que ya pensaba al respecto».

A los clientes les encantó relacionarse con FreshBooks en ese viaje. Donna Vitan, cliente de FreshBooks que siguió el viaje de 2008 virtualmente, por medio del blog de RoadBurn, comentó: «¡Sin duda fue una lástima[44] que el viaje fuera tan breve! Mientras no veía *The Hills*, tenía la esperanza de disfrutar de mi *reality show* con las aventuras de FreshBooks». Joseph Crawford, cliente de FreshBooks que participó en la RoadBurn 2011, declaró: «Me quedé impresionado cuando vinisteis a Boston[45] y cenamos en Legal Seafood. Lo pasamos muy bien, y fue estupendo conocer a Mitch y a todos los demás».

|||||||||||||||||||||

Como Lady Gaga, Innocent y FreshBooks han descubierto maneras innovadoras, sofisticadas y creativas de insuflar en su negocio y en sus planes de marketing unas interacciones esenciales y diversas maneras de hacer participar a los clientes y a los fans. Lo que todos tienen en común es la creencia de que las personas siempre sacan energía para encontrar significado, forjar relaciones personales y hablar unas con otras de las cosas importantes. Sin ese significado, hacer hablar a la gente no sirve de nada. Dar algo de qué hablar que tenga sentido y sea importante garantiza que sus fans y sus clientes seguirán acudiendo a usted en busca de inspiración y de ideas.

¿Cómo se puede obtener la lealtad de otros?

«Creo que todo el mundo[1] puede hacer lo mismo que yo. Todo el mundo puede acceder a esas partes de su persona que son magníficas. Yo no soy más que una chica neoyorquina que decidió hacer esto. ¡Domina el mundo! ¿De qué sirve la vida si no la controlas?»

LADY GAGA

En el país de Lady Gaga no hay nada imposible. ¿Un perfume negro? Hacedlo así, dice ella. Crear un negocio que fomente la lealtad de los monstruos no es un proyecto que se haga de la noche a la mañana. Pero, sin duda, se puede hacer. Para ello hace falta centrarse implacablemente en la creación de productos y servicios que destaquen y de los que valga la pena hablar. También exige el cultivo metódico de los clientes que forman el uno por ciento de una empresa, ese segmento tan apasionado y participativo de la base de clientes. Las lecciones de Lady Gaga que hemos visto en los capítulos anteriores nos ofrecen una especie de mapa para detectar y hacer participar a esos miembros del uno por ciento. Este capítulo le ayudará a pensar sobre cómo aplicar a su negocio las estrategias que usa Gaga con sus fans del uno por ciento.

LECCIÓN 1

Céntrese en su uno por ciento

Como detallamos en el capítulo 2, la clave para descubrir a sus clientes más comprometidos es crear vehículos de los que puedan formar parte. Ayude a estos clientes apasionados a identificarse. Quizá ya disponga de ciertos vehículos de participación y no se haya dado cuenta de que sus clientes del uno por ciento contactan con usted por medio de ellos.

A continuación veremos una lista de algunos lugares en los que puede empezar a identificar a sus clientes del uno por ciento:

- Referencias. Averiguar la procedencia de las consultas le ayudará a identificar a las personas que hablan de usted. Asegúrese de que sus vendedores y sus foros *online* preguntan: «¿Cómo ha sabido de nosotros?»

- Puntos de contacto del servicio al cliente (número 1-800, formularios de Internet, etc.). Los estudios demuestran que por cada cliente que se queja a una empresa, hay veinticinco que no lo hacen. Esos clientes que dedican tiempo a contactar con una compañía lo hacen por un motivo. Quizá se sientan frustrados, pero quieren que les resuelvan el problema. Es posible que el mero hecho de solucionar su problema les convierta en portavoces de su empresa. Cuando aborde el problema de esos clientes, muéstreles empatía. Haga todo lo que esté en su mano para complacerles.

- Comentarios de los clientes. ¿Tiene algunos clientes que sólo contactan con usted para proporcionarle un *feedback* no solicitado sobre cómo mejorar su negocio? Esas personas sienten un vínculo tan fuerte con su empresa que quieren mejorarla. Siga la pista a esos clientes interesados para hacerlos aún más participativos.

- Visitantes asiduos a sus tiendas. Los directores y los empleados de sus tiendas, ¿identifican a compradores habituales a quienes les gusta comprar en sus tiendas y charlar con el personal?

- *Newsletters online* de inclusión voluntaria. ¿Cuántas personas de las que figuran en sus listas publicitarias se han apuntado a ellas voluntariamente?

- Foros y blogs de terceras partes. ¿Se ha dado una vuelta por la web usando instrumentos de escucha, como el Radian6, para identificar a los evangelistas de su marca en foros y blogs de terceras partes?

- Secciones de comentarios en blogs propiedad de la empresa. Los clientes, ¿dejan comentarios frecuentes en los blogs de su empresa?

- Creadores de contenido web. ¿Tiene a alguna persona que haya creado contenido sólo sobre su marca? ¿Hay alguna página web de fans, páginas Tumblr o de Facebook para su marca? ¿Algún cliente ha creado un vídeo para YouTube sobre su negocio?

- Suscriptores a sus canales sociales. Por supuesto, las personas que se suscriben para tener noticias suyas en sus espacios sociales colectivos, como Twitter, Facebook, YouTube, blogs, etc., son candidatas a formar parte del uno por ciento.

Una vez que haya identificado dónde se encuentran los clientes candidatos al uno por ciento, puede iniciar la estrategia para hacerlos participar. En las páginas siguientes expondré las lecciones de Gaga sobre la lealtad acompañadas de un conjunto de preguntas e ideas sobre cómo puede aplicarlas a su negocio.

LECCIÓN 2
Dirija con valores

Gaga destaca entre sus contemporáneos musicales porque representa algo más grande que sí misma y por compartir sus valores. Apoya a la comunidad gay, lucha por la igualdad matrimonial y rechaza la política discriminatoria «No preguntes, no digas» en el ejército. A su vez, la comunidad gay se ha mostrado muy leal a Gaga, porque saben que ella lo ha sido con ellos. Gaga también defiende a las personas que se sienten marginadas en la sociedad, a las que acosan por ser distintas. En su canción «Born This Way» les dice que deben amarse como son, y ser valientes. Su Born This Way Foundation es un movimiento para crear un mundo más amable y tolerante.

Los clientes sienten un profundo vínculo emocional con usted cuando se identifican con sus valores o su causa. Este tipo de conexión no es fácil de crear, pero cuando se hace con integridad y compromiso, los clientes le serán muy fieles. Le recomendarán ante otros y conseguirán nuevos clientes para usted.

Al pensar sobre cómo puede dirigir con valores en su negocio, plantéese estas dos opciones:

- ¿Existe una causa benéfica en la que crea su empresa? ¿Es la misma causa en la que cree también determinado segmento de su base de clientes? Dé un paso al frente y demuestre a esos clientes que usted cree en lo mismo que ellos. Ofrezca los recursos de su empresa para respaldar la causa.

- En lugar de limitarse a vender productos, venda un sueño, una visión. Piense a lo grande en qué podría mejorar las vidas de sus clientes o cambiar su mundo. Desafíese usted mismo y a su organización a pensar a lo grande, y a crear un mensaje inspirador para su industria.

LECCIÓN 3
Construya comunidad

Gaga empezó a construir su público actuando en clubes gays de New York City y relacionándose con la comunidad homosexual. Fiskars conectó con la comunidad de amantes de los álbumes de recortes digitales al organizar el programa Fiskateers para servirla. Encuentre la comunidad que ya se está consolidando en torno a su producto o su compañía o conéctese con la comunidad que es más probable que le acepte.

Veamos algunas cosas que hay que tener en cuenta cuando piense en crear comunidad:

- ¿Le llaman los clientes para preguntarle cómo pueden contactar con otros clientes como ellos?

- ¿Se relacionan entre sí sus clientes, sin que usted sea intermediario, a través de la web o los medios sociales?

- Pida a los clientes que le ayuden a desarrollar un programa comunitario. Solicite sus opiniones e intente detectar a los individuos que desean ayudar. ¿Puede nombrar a uno de ellos como líder de un programa concreto en sus proyectos para edificar la comunidad?

- ¿Puede celebrar un evento divertido para reunir a los clientes de modo que intercambien anécdotas, como los eventos Fiskafriendzy de Fiskateers?

- Añada en su página web algunas prestaciones comunitarias, como foros *online*.

- Forme y modere un grupo de debate por *e-mail*, para conseguir que sus clientes se relacionen entre sí.

- Empiece un blog para facilitar la conversación con sus clientes.

- Incluya en sus proyectos de marketing a esos clientes que ya promocionan su empresa. Pídales sus testimonios e inclúyalos a granel en su página web, sus folletos y sus anuncios. Presente a los clientes a otros que les parecerán semejantes a ellos.

LECCIÓN 4
Ponga nombre a los fans

Dar un nombre a los fans y a los clientes, como «pequeños monstruos» o «embajadores de Maker's Mark», les ayuda a identificarse como parte de una comunidad de personas que piensan parecido. Ofrece a los clientes un apodo que les permite descubrir a otros miembros de la comunidad y conectar con ellos.

Hay diversas maneras de crear este nombre:

- Encuentre un nombre ya existente. A lo mejor los clientes ya usan un apelativo determinado para referirse a sí mismos. Use una búsqueda *online* o herramientas de escucha para descubrir cómo hablan de ellos mismos. ¡Puede que ya usen un nombre genial!

- Invéntese el nombre. Si crea una comunidad o un programa de lealtad y no existe un nombre previo, o uno que le guste, tendrá que inventárselo usted mismo. Meta en una habitación a sus trabajadores más creativos, incluyendo las agencias asociadas, y hagan una tormenta de ideas.

- Pida a los clientes que le ayuden a encontrar el nombre. Si abre la posibilidad de incluir a los clientes en este proceso, encuentre a unos pocos del uno por ciento y pídales su opinión. Use una encuesta *online* o celebre una reunión en persona. Permita que sus clientes debatan con sus empleados y que, juntos, encuentren el nombre. A los clientes les encantará formar parte del proceso, y se sentirán propietarios del nombre.

LECCIÓN 5
Aproveche los símbolos compartidos

Los pequeños monstruos de Gaga comparten muchos símbolos que entienden todos los miembros de la comunidad. El conocimiento compartido y el uso de los símbolos ayuda a las personas a relacionarse. La mano en forma de garra es el mejor ejemplo de esto. Sólo los pequeños monstruos saben cómo engarfiar las manos cuando oyen «¡Garras arriba!»

Éstas son algunas de las cosas que hay que tener en cuenta cuando aplique esta lección a su negocio:

- Fíjese en cómo los clientes usan o no usan los símbolos que usted crea. Algunos calarán y otros no. Haga un seguimiento de las comunicaciones de los clientes *online* y en los medios sociales, para ver si éstos hacen referencia al/a los símbolo(s) o los usan.

- A menudo los clientes tomarán un símbolo que usted haya creado y lo transformarán en algo distinto.

- Los clientes también crearán sus propios símbolos. Esto sucede a menudo con las marcas de los consumidores y la cultura fan adolescente. Los Millennials son muy creativos y dominan la tecnología, y pueden usar los programas informáticos para diseñar símbolos sofisticados relacionados con su marca.

- Ábrase a la posibilidad de adoptar símbolos creados por sus fans o modificaciones de los que usted creó. Esto convierte a los clientes en propietarios, y les hace sentir que usted les considera parte de su equipo.

LECCIÓN 6
Haga que se sientan estrellas del rock

En este caso, la lección de Gaga es convertirse en fan de sus fans. Celebre a sus clientes y póngalos en el candelero. Haga que se sientan especiales, como las estrellas del rock que son.

Por supuesto, no puede demostrar ese reconocimiento a todos ellos. Quizá sólo destaque a un 1 por ciento de los miembros del uno por ciento, pero esto hará que todos los clientes sientan que usted los valora. Las tácticas concretas para hacer esto variarán en función del tipo de negocio, pero éstas son algunas de las cosas que hay que tener en cuenta:

- Celebre reuniones en las que sus mejores clientes se puedan expresar, para aumentar su visibilidad en la industria.

- Si es posible, haga que sus clientes aparezcan en sus productos. Durante años, Jones Soda ha impreso fotos de sus clientes, enviadas a través de su página web, en cada una de sus botellas.

- Invite a los clientes selectos a eventos especiales para VIPs que les permitan el acceso a algo especial, como por ejemplo la actuación de un solista o un grupo musical.

- Transmita el éxito de un cliente al resto de la base, no sólo el éxito que tiene un cliente con su producto, sino el éxito general que él o ella tenga en el negocio que gestiona.

LECCIÓN 7
Haga algo que dé que hablar

Lady Gaga entiende lo que es destacar. Tal como describimos en el capítulo dedicado a esta lección, a menudo las maneras en las que destaca tienen una historia de fondo. Ella sabe que, al destacar, los miembros de su uno por ciento pueden hacer correr su historia de boca en boca. En este caso, la lección consiste en pensar en todos los aspectos de su negocio y plantearse si son dignos de que los clientes se los comenten unos a otros. Es decir, lo que usted hace ¿es digno de que otros hablen de ello o de que un cliente lo recomiende a otros?

Veamos algunas ideas que hay que tener en cuenta para hacer que su negocio sea digno de hablar de él:

- Entienda hasta qué punto sus clientes le recomiendan por el sistema de hacerlo correr de boca en boca. Una manera estupenda de hacerlo es usar la metodología Networking Promoter Score, desarrollada por Fred Reichheld y Bain & Company, que se basa en formular dos preguntas a su base de clientes actual: 1) «¿Cuál es la probabilidad de que usted recomiende su compañía a un amigo o a un colega?», en una escala del 0 al 10, siendo 10 el máximo; y 2) hacer una pregunta abierta solicitando a sus clientes que expliquen la puntuación que les han otorgado. En esta segunda pregunta, los promotores (los respondientes que han puesto un 9 o un 10) le dirán lo que le recomiendan. Estos datos cualitativos son útiles para entender cómo usted circula de boca en boca por la base de clientes actual.

- Use en sus proyectos de comunicación de marketing los comentarios que corren de boca en boca que haya descubierto mediante la pregunta dos de su estudio Networking Promoter. Si usa unas frases parecidas a las que ya utilizan sus clientes para hablar de usted, contribuirá a que éstos repitan sus comentarios.

- Lleve a cabo un análisis de los puntos de contacto de los clientes para detectar todos aquellos en que su negocio interactúa con los clientes. Los puntos de contacto deberían incluir todas las interacciones humanas y físicas con los clientes, incluyendo su página web, los contactos con el servicio de atención al cliente, las tiendas, los empleados, los recibos, las facturas, los canales de medios sociales, el telemarketing, las propuestas, las firmas electrónicas, los folletos y demás. Analice cada punto de contacto y pregúntese si vale la pena que otros hablen de él. La interacción con un cliente, ¿es tan destacable que éste la comentará con un amigo, un familiar o un colega?

- Incorpore lo de circular de boca en boca en el propio producto. Por supuesto, a todos nos gustaría tener los productos innovadores que destacan de la competencia, pero a veces lo único que hace falta es incluir una característica de diseño que dé a las personas algo de qué hablar.

En este libro hemos examinado cómo, en cuatro breves años, Lady Gaga ha reunido un ejército de fans apasionados que consta de decenas de millones de personas repartidas por todo el mundo. He perfilado su filosofía de cómo construir una base de clientes a largo plazo al centrarse en sus superfans, los del uno por ciento. He analizado sus estrategias para generar fidelidad y usado ejemplos de negocio para enseñarle cómo aplicar estas lecciones a los negocios que no tienen que ver con la música. Por último, en este capítulo, le he formulado preguntas y le he dado ideas sobre cómo aplicar a su negocio las lecciones que nos enseña Gaga. Espero que la forma en que ella aborda la lealtad le haya resultado tan inspiradora como lo es para mí, una comercializadora. Le ruego que me comunique lo que le ha resultado interesante y lo que ha aplicado con éxito a su negocio.

Creo que Lady Gaga seguirá dando guerra durante mucho tiempo, y éste es uno de los motivos por los que quise escribir este libro. Sin duda seguirá innovando en su negocio e inspirando a nuevas legiones de fans. En el futuro tendremos mucho que aprender de ella, y espero actualizar este libro con el paso de los años.

Y si puede asistir a uno de sus conciertos, no se lo pierda. Le prometo que no le decepcionará. ¡Arriba las garras!

Agradecimientos

Gaga se rodea de personas con talento, creativas y superlistas, que la ayudan a hacer realidad su visión. Ella los llama Haus of Gaga. Para llevar a cabo el proyecto de este libro, yo también reuní a un grupo parecido de personas con talento. A medida que trabajábamos en el libro, y en plan de broma, los llamé Haus of Huba. Me encantó trabajar con ellos, y los recomiendo encarecidamente: Todd Sattersten (agente/asesor), Kate Sage (editora/revisora), Robyn Crummer-Olson (corrector de pruebas), Jason Reeves (creativo), John Moore (asesor), Shelley Dolley (marketing) y Barbara Henricks, Margaret Kingsbury, Rusty Shelton y el equipo de Cave Henricks (publicidad).

Gracias a Brooke Carey, Adrian Zackheim, Will Weisser y Jackie Burke, de Portfolio, por respaldar este libro y traerlo al mundo.

Gracias a quienes compartieron su visión para este libro, entre ellos: Erin Nelson de Bazaarvoice, Spike Jones de WCG, y Dayle Hall de Aruba Networks. Gracias a Sean McDonald de Ant's Eye View y a Rod Brooks de PEMCO, por permitirme contar la historia de su cliente estrella del rock. Quiero expresar mi gratitud a quienes aportaron imágenes y fotos para el libro, como Gary Sims, Joel Diaz, Sean McDonald, Jason Reeves, Simon Sinek, Innocent, Jim Stengel y Susan Hickey, de Millward Brown.

También quiero dar las gracias a Keith Berlin y a Stephanie Jax de dmg::events, por apoyarme constantemente y por ayudarme a poner a prueba los conceptos de este libro en su evento. Gracias a Brad Fay, de Keller Fay, por defender este libro y por su fantástica idea para el lanzamiento. Especialmente, quiero dar las gracias a Virginia Miracle y a Jim Rudden de Spredfast, por hacer realidad el lanzamiento. Gracias a Suzanne Fanning y a los chicos de WOMMA por respaldar el lanzamiento. Derrick Barry: fue increíble contar contigo como participante del discurso más divertido que pronuncié para el lanzamiento de este libro. Gracias. Gracias, Amy Neighbors, por sus recomendaciones y los mensajes semanales de ánimo que me enviaste mientras escribía este libro. Gracias a Jill Griffin por la ayuda prestada. Gracias a Sonya Reeves por colaborar cuando fue necesario, incluso en las cosas más pequeñas.

Gracias al estupendo personal de Czarnowski, por ser una gente tan estupenda con la que trabajar durante los dos últimos años.

Gracias a los amigos que me han apoyado y a los que no vi mucho durante los meses que pasé escribiendo este libro, pero que siempre tuvieron algún comentario positivo: Kelly Pierce, Charles Brown, Shelley Stewart Kronbergs, Annalisa Perez, Amy Swank, Robin Boesch, Heather Wiers, Stephen Graham, Walter Davis, Cameron Oefinger, Cody Edwards, Vu Doan y Colton Wright.

Gracias a Jason, Sonya y Emmett Reeves por ser tan cariñosos y soportar todas esas noches y fines de semana que pasé atrincherada en mi despacho, trabajando en este libro. Gracias a mi familia por su apoyo constante.

Y por último, gracias a Lady Gaga por ser una inspiración, no sólo para el mundo empresarial, sino también para contribuir a mejorar nuestro mundo.

Notas

INTRODUCCIÓN

1. **«Querida Mamá Monstruo...»** Bree Richards, carta de una fan a Gaga, Tumblr, consultado el 24 de septiembre de 2012, http://dear-mama-monster.tumblr.com/post/28833155687/dear-mama-monster-my-name-is-bree-richards-and-i.

2. **Entre sus éxitos se cuentan...** Keith Caulfield, «Lady Gaga Is *Billboard*'s 2010 Artist of the Year, Ke$ha Takes Top New Act», *Billboard*, 9 de diciembre de 2010, http://www.billboard.com/news/lady-gaga-is-billboard-s-2010-artist-of-1004134049.story#/news/lady-gaga-is-billboard-s-2010-artist-of-1004134049.story; «The 2010 *Time* 100», *Time*, consultada el 24 de septiembre de 2012, http://www.time.com/time/specials/packages/completelist/0,29569,1984685,00.html; «Music's Top 40 Money Makers 2011», *Billboard*, 11 de febrero, 2011, http://www.billboard.com/features/music-s-top-40-money-makers-2011-1005031152.story#/features/music-s-top-40-money-makers-2011-1005031152.story?page=5; Dorothy Pomerantz, «Lady Gaga Tops Celebrity 100 List», 18 de mayo de 2011, *Forbes*, http://www.forbes.com/2011/05/16/lady-gaga-tops-celebrity-100-11.html.

3. **Empecé a seguirla en Facebook...** Página de Lady Gaga en Facebook, consultada el 24 de septiembre de 2012, http://www.facebook.com/ladygaga; perfil de Lady Gaga en Twitter, consultado el 24 de septiembre de 2012, http://twitter.com/ladygaga.

4. **La primera vez que escribí...** Jackie Huba, «Loyalty Lessons from Lady Gaga», *Church of the Customer* (blog), 23 de febrero de 2010, http://www.churchofcustomer. com/2010/02/loyalty-lessons-from-lady-gaga.html.

5. **Las empresas más grandes de artículos de marca...** Jonathon Mildenhall, post en Twitter sobre la visita de Troy Carter a Coca-Cola, 11 de octubre de 2011, 8:04 a.m., http://twitter. com/ComeBeCreative.

6. **Las empresas tecnológicas...** Lisa Pearson, «Engaging Your Superfans: Social Lessons from Lady Gaga's Manager», *Bazaarvoice:blog* (blog), 25 de junio de 2012, http://www. bazaarvoice.com/blog/2012/06/25/engaging-your-superfans-social-lessons-from-lady-gagas-manager.

DE STEFANI A GAGA

1. **«Cuando me levanto por la mañana...»** «Lady Gaga Tells All: Rolling Stone's New Issue», *Rolling Stone*, 21 de junio de 2010, http://www.rollingstone.com/music/news/lady-gaga-tells-all-rolling-stones-new-issue-20100621.

2. **Empezó a tocar el piano...** Vanessa Grigoriadis, «Growing Up Gaga», revista *New York*, 28 de marzo de 2010, http:// nymag.com/arts/popmusic/features/65127.

3. **«Me formé como pianista clásica...»** Neil McCormick, «Lady Gaga: "I've Always Been Famous, You Just Didn't Know It"», *The Telegraph*, 16 de febrero de 2010, http://www.telegraph. co.uk/culture/music/rockandpopfeatures/7221051/Lady-Gaga-Ive-always-been-famous-you-just-didnt-know-it.html.

4. **Después de una prolija...** «Lady Gaga Interview — Howard Stern 2011», vídeo de YouTube, 1:19:21, de una *performance* en el *Howard Stern Show*, el 18 de julio de 2011, colgado por

«01worldguy01», 7 de mayo de 2012, http://youtu.be/
SwwT1viwA8M.

5. **Se acompañó al piano...** «Lady Gaga — The Edge of Glory
on the Howard Stern Show!», vídeo de YouTube, de una
performance en el *Howard Stern Show* el 18 de julio de
2011, 5:25, colgado por «Jonathon Mowery», 8 de mayo
de 2012, http://youtu.be/0RS3XUEgWC0; Christian
Blauvelt, «Lady Gaga Opens Up to Howard Stern in
Exhaustive 90- minute Interview, Performs Acoustic Version
of "The Edge of Glory"– Listen Here», *Entertainment
Weekly*, 18 de Julio de 2011, http://music-mix.ew.
com/2011/07/18/lady-gaga-howard-stern-interview.

6. **«¡Caray! Vaya pedazo de tema...»** Melangie, 20 de Julio de
2011 (8:35 a.m.), comentario sobre «Lady Gaga Does
Acoustic on Howard Stern: Amazing or Expected?»,
Cele|bitchy (blog), 20 de Julio de 2011, http://www.
celebitchy.com/169643/lady_gaga_does_acoustic_on_
howard_stern_amazing_or_expected_/#comment-5250533.

7. **«En un vídeo de YouTube...»** ***ORIGINAL FULL VID***
Lady Gaga Sings at Park Hyatt Tokyo New York Bar»,
vídeo de YouTube, 3:41, colgado por «MonkeySDLA»,
10 de mayo de 2012, http://youtu.be/OdCks_Nd1v0.

8. **«Abandoné a toda mi familia...»** Grigoriadis, «Growing Up
Gaga».

9. **«Cada día, cuando Stef...»** Lisa Rose, «Lady Gaga's Outrageous
Persona born in Parsippany, New Jersey», *The Star- Ledger*,
21 de enero de 2010, http://www.nj.com/entertainment/music/
index.ssf/2010/01/lady_gaga_her_outrageous_perso.html.

10. **«A menudo los vestidos...»** «Meet the Woman Who Inspired
Lady Gaga», *Daily News and Analysis*, 22 de febrero de
2010, http://www.dnaindia.com/entertainment/report_meet-
the-woman-who-inspired-lady-gaga_1351105.

11. «Los libros de Andy...» Grigoriadis, «Growing Up Gaga».
12. «Siento fascinación...» Erika Hobart, «Lady GaGa: Some Like It Pop», *Seattle Weekly*, 19 de noviembre de 2008, http://www.seattleweekly.com/2008-11-19/music/lady-gaga-some-like-it-pop.
13. **Gaga actuó ante 2, 4 millones...** Lisa Robinson, «In Lady Gaga's Wake», *Vanity Fair*, enero de 2012, http://www.vanityfair.com/hollywood/2012/01/lady-gaga-201201.
14. **Su popularidad se disparó...** Chris Molanphy, «Introducing the Queen of Pop», *Rolling Stone*, 20 de junio de 2011, http://www.rollingstone.com/music/news/introducing-the-queen-of-pop-20110629.

LECCIÓN 1: CÉNTRESE EN SU UNO POR CIENTO

1. «Ya no soy el principio...» Jonathan Van Meter, «Dream Girl», *Vogue*, septiembre de 2012.
2. **Un estudio que realizaron en 2011 Forrester Research...** Luca S. Paderni, Corinne Munchbach, y David M. Cooperstein, «The Evolved CMO, 2012», *Forrester Research and Heidrick & Struggles*, 22 de febrero de 2012, http://www.heidrick.com/PublicationsReports/PublicationsReports/HS_Evolved CMO2012.pdf.
3. **Según un estudio Satmetrix de consumidores estadounidenses realizado en 2012 por Net Promoter Benchmark...** «Net Promoter U.S. Consumer Benchmarks 2012», Satmetrix, consultada el 24 de septiembre de 2012, http://go.satmetrix.com/rs/satmetrix/images/NPS_Benchmark_Charts_USConsumers_2012-1.pdf.
4. «¡Joooder!...» Ceee D., reseña de Time Warner Cable, 21 de marzo de 2012, Yelp Austin, http://www.yelp.com/

biz/time-warner-cable-austin#hrid:68gRA9IcYOM7BF
cfHt00zg.

5. **«He comido tanta [palabra malsonante]...»** Christine Spines, «Lady Gaga Wants You», *Cosmopolitan*, abril de 2009.

6. **Esta idea del uno por ciento...** Ben McConnell and Jackie Huba, *Citizen Marketers: When People Are the Message* (Nueva York, Kaplan Publishing, 2006).

7. **De hecho, éste fue el título...** Ben McConnell y Jackie Huba, *Creating Customer Evangelists: How Loyal Customers Become a Volunteer Sales Force.* Ed. rev. (Nueva York, Kaplan Publishing, 2007).

8. **«No quiero ser una canción...»** Laura Barton, «"I've Felt Famous My Whole Life"», *The Guardian*, 20 de enero de 2009, http://www.guardian.co.uk/music/2009/jan/21/lady-gaga-interview-fame.

9. **«¿Por qué no creamos uno...?»** Neal Pollack, «How Lady Gaga's Manager Reinvented the Celebrity Game with Social Media», *Wired*, junio de 2012.

10. **«Parece que Lady Gaga actúa regularmente...»** Ibíd.

11. **«¡Estoy muy contenta de deciros...!»** Lady Gaga, post en Twitter, 25 de agosto de 2012, 11:57 a.m., http://twitter.com/ladygaga.

12. **«Son fans muy motivados...»** Pollack, «How Lady Gaga's Manager».

13. **La policía de la ciudad indonesia de Yakarta...** Bernice Han, 9781591846505_MonsterLoyal_TX.indd 184 3/19/13 7:43 a.m. «Lady Gaga Refuses to Tone Down Her Shows: Manager», AFP, 24 de mayo de 2012, http://www.google.com/hostednews/afp/article/ALeqM5igciYyUdk7SGRh9pI71Wp-nWSf1A?docId=CNG.d62730d7faba4e00ebc4bff1b1eb1ed4.bf1.

14. **El Frente de Defensores Islámicos (FDI) llamó a Gaga...** «Lady Gaga "Devastated" as Indonesia Concert Cancelled»,

BBC News, 28 de mayo de 2012, http://www.bbc.co.uk/news/world-asia-18224783.

15. «**No creo que tenga nada que ver**...» «Keynote Interview: Troy Carter», vídeo de YouTube, 48:51:00, posted by «musicmatterstome», 20 de junio de 2012, http://youtu.be/_qn-OdKCSb0.

16. **En una muestra de solidaridad**... James Montgomery, «Lady Gaga's Indonesian Flash Mob Made Her "Cry So Hard"», *MTV News*, 4 de junio de 2012, http://www.mtv.com/news/articles/1686476/lady-gaga-indonesia-flash-mob-cry-so-hard.jhtml.

17. «**Hay toneladas de rechazo**...» «Official Indonesian Little Monsters Flash Mob Video», vídeo de YouTube, 10:37, subido por «projectlilmonid», 2 de junio de 2012, http://youtu.be/AWqe6EozGro.

18. «**Esto me ha hecho llorar**...» Lady Gaga, post en Twitter, 4 de junio de 2012, 3:10 a.m., http://twitter.com/ladygaga.

19. **Fue un momento**... Tokiohotelx3r, comentario sobre «Official Indonesian Little Monsters Flash Mob Video», vídeo de YouTube, 10:37, subido por by «projectlilmonid», consultado el 24 de septiembre de 2012, http://www.youtube.com/all_comments?v=AWqe6EozGro&page=3.

20. «**Una de las mayores cosas**...» «Keynote Interview: Troy Carter».

LECCIÓN 2: DIRIJA CON VALORES

1. «**No tiene nada que ver**...» Jonathan Van Meter, «Dream Girl».

2. «**Los vínculos de identidad**...» Richard Cross y Janet Smith, *Customer Bonding: Pathway to Lasting Customer Loyalty* (Raleigh, NTC/Contemporary Publishing Company, 1996).

3. **Kawasaki comparte su experiencia...** Guy Kawasaki, *Selling the Dream* (Nueva York, HarperBusiness, 1992).

4. **«Hay artistas...»** Corey Sheeran, carta de un fan a Gaga, Tumblr, consultado el 24 de septiembre de 2012, http://www.tumblr.com/tagged/lady-gaga?before=1343766227.

5. **«Unos chicos me cogieron...»** Jocelyn Vena, «Lady Gaga Goes Beyond The Fame in Exclusive MTV Special», *MTV News*, 18 de mayo de 2011, http://www.mtv.com/news/articles/1664076/lady-gaga-inside-the-outside-special.jhtml.

6. **«Todo el mundo se reía...»** Ibíd.

7. **«[A pesar de] toda la fama y la fortuna...»** Lady Gaga, entrevista con Oprah Winfrey, *Oprah's Next Chapter*, OWN, 18 de marzo de 2012.

8. **«Sólo me importa...»** Jeremy Kinser, «Portrait of a Lady», *The* Advocate, 5 de Julio de 2011, http://www.advocate.com/arts-entertainment/music/2011/07/05/portrait-lady.

9. **«Querida Mamá Monstruo...»** Liza, Minnesota, carta de una fan a Gaga, consultada el 24 de septiembre de 2012, http://www.tumblr.com/tagged/lady-gaga?before=1343766227.

10. **«Los fans dirigen la música...»** Brennan Williams, «Lady Gaga On How Her Fans Inspired Her Social Movement (VIDEO)», *Huffington Post*, 18 de diciembre de 2011, http://www.huffingtonpost.com/2011/12/14/watch-the-tanning-effect-lady-gaga_n_1146777.html.

11. **«Tiene que ver con la sociedad...»** Ibíd.

12. **«Juntas esperamos...»** Paul Guequierre, «Lady Gaga Ups Her Fight for Nation's Youth, Launches Born This Way Foundation», *HRC Blog* (blog), 2 de noviembre de 2011, http://www.hrc.org/blog/entry/lady-gaga-ups-her-fight-for-nations-youth-launches-born-this-way-foundation.

13. **Rodemeyer, un fan apasionado de Gaga...** «Jamey Rodemeyer's Suicide Gets Lady Gaga Angry, "Bullying Is Hate Crime"»,

International Business Times New York, 22 de septiembre de 2011, http://newyork.ibtimes.com/articles/218363/20110922/jamey-rodemeyer-lady-gaga-suicide-bully-gay.htm.

14. **«@ladygaga adiós mamá monstruo...»** Jamey Rodemeyer, post en Twitter, 18 de septiembre de 2011, 12:27 a.m., http://twitter.com/hausofjamey.

15. **«Me he pasado los últimos días...»** Lady Gaga, post en Twitter, 21 de septiembre de 2011, 5:00 p.m., http://twitter.com/ladygaga.

16. **Gaga reclutó a diversas personalidades...** Nicholas D. Kristof, «Born To Not Get Bullied», *The New York Times*, 29 de febrero de 2012, http://www.nytimes.com/2012/03/01/opinion/kristof-born-to-not-get-bullied.html.

17. **«Éste es el principio de un nuevo movimiento...»** Lady Gaga, *Oprah's Next Chapter*.

18. **«Lady Gaga ha usado su fama...»** Mark Fidelman, «Meet the Company Behind Lady Gaga's Mega Community that's Turning Brands into Rock Stars», *Forbes*, 13 de junio de 2012, http://www.forbes.com/sites/markfidelman/2012/06/13/meet-the-company-behind-lady-gagas-mega-community-thats-turning-brands-into-rock-stars.

19. **«Todo esto no es más...»** «Harvard Goes Gaga», *Harvard Magazine*, 29 de febrero de 2012, http://harvardmagazine.com/2012/02/harvard-goes-gaga.

20. **«Hoy no he venido...»** Sarah Anne Hughes, «Lady Gaga Launches Born This Way Foundation at Harvard (Video)», *Celebritology* (blog), *Washington Post*, 1 de marzo de 2012, http://www.washingtonpost.com/blogs/celebritology/post/lady-gaga-launches-born-this-way-foundation-at-harvard-video/2012/03/01/gIQAUM5LkR_blog.html.

21. **«Podría tardar cincuenta años...»** Elizabeth S. Auritt, «Lady Gaga Launches the Born This Way Foundation at Harvard»,

The Harvard Crimson, 1 de marzo de 2012, http://www. thecrimson.com/article/2012/3/1/lady-gaga-comes-harvard.

22. **Uno de estos pequeños monstruos...** «Lady Gaga Sends Toronto School Anti-bullying Video», *CBC News*, 25 de noviembre de 2011, http://www.cbc.ca/news/canada/toronto/story/2011/11/25/lady-gaga-bullying-school.html.

23. **«Me llamaban el gay...»** Ibíd.

24. **«En el apartado del Asunto decía...»** Ibíd.

25. **«Sólo quería decirte...»** Ibíd.

26. **«Empiezo a darme cuenta...»** Ibíd.

27. **«Me encanta Lady Gaga...»** Ibíd.

28. **«¿Sabes cuándo sabes...?»** Lady Gaga, *Oprah's Next Chapter*.

29. **Una organización con sede en Estados Unidos...** Página web de Florida Family Association, consultada el 24 de septiembre de 2012, http://floridafamily.org/full_article. php?article_no=94.

30. **Aparentemente, la FFA temía...** «Lady Gaga's Office Depot Partnership Slammed for Inspiring Teens "To Embrace Homosexuality,"» *Huffington Post*, 20 de juulio de 2012. http://www.huffingtonpost.com/2012/07/20/lady-gaga-office-depot-partnership-anti-gay_n_1689809.html.

31. **Cuando una fan le dio las gracias...** Lady Gaga, post en Twitter, 1 de abril de 2012, 7:55 p.m., http://twitter.com/ladygaga.

32. **Ha dicho a sus fans...** «Lady Gaga Talking to Her Fans about Haters», vídeo de YouTube, 0:2:36, subido por «GaGaForeever», 10 de junio de 2012, http://youtu.be/f5gsY_XgjMs.

33. **QUÉ: Cada compañía...** Simon Sinek, *Start with Why: How Great Leaders Inspire Everyone to Take Action* (Nueva York, Portfolio, 2009).

34. «**El hecho que contradice la razón...**» Jack Neff, «How Well-Defined Is Your Brand's Ideal?» *Advertising Age*, 16 de enero de 2012, http://adage.com/article/news/defined-brand-s-ideal/232097.

35. **En su libro...** Jim Stengel, *Grow: How Ideals Power Growth and Profit at the World's Greatest Companies* (Nueva York, Crown Business, 2011).

36. **El fundador y director de Whole Foods...** Danielle Sacks, «John Mackey's Whole Foods Vision to Reshape Capitalism», *Fast Company*, 1 de diciembre de 2009, http://www.fastcompany.com/1460600/john-mackeys-whole-foods-vision-reshape-capitalism.

37. **Desde sus humildes comienzos...** «2011 Form 10-K, Whole Foods Market, Inc.» United States Securities and Exchange Commission, consultada el 29 de septiembre de 2012.

38. **Ocupa la posición 264...** «Fortune 500», *CNNMoney*, consultada el 28 de septiembre de 2012, http://money.cnn.com/magazines/fortune/fortune500/2012/snapshots/10572.html.

39. «**La filosofía de nuestra parte interesada...**» Whole Foods Market 2011 Annual Report, consultada el 29 de septiembre de 2012, http://www.wholefoodsmarket.com/sites/default/files/media/Global/Company%20Info/PDFs/ar11.pdf.

40. «**Mire, empezamos cuando esto...**» Bonnie Azab Powell, «The Missionary of Retail: Interview with Whole Foods' Walter Robb», página web de Bonnie Powell, consultada el 24 de septiembre de 2012, http://www.bonniepowell.com/wholefoods.html.

41. «**En un artículo reciente escribió...**» Ibíd.

42. **Desde 2007, Whole Foods...** PR Newswire, «Whole Foods Market Named to "World's Most Ethical Companies" List», *The* Street, 15 de marzo de 2012, http://www.thestreet.com/

story/11458893/1/whole-foods-market-named-to-worlds-most-ethical-companies-list.html.

43. **«Antes de entrar en detalles...»** Zarfkitty, «Worth the higher prices, in my opinion», comentario de Epinions sobre Whole Foods, 3 de enero de 2007, http://www.epinions.com/review/Whole_Foods_44829516/content_301198380676?sb=1.

44. **Según la página de Facebook de Method...** Página de Facebook de Method, consultada el 24 de septiembre de 2012, http://www.facebook.com/method/info.

45. **Lynn Dornblaser, que analiza...** Mark Borden y otros, «The World's Most Innovative Companies», *Fast Company*, 1 de marzo de 2008, http://www.fastcompany.com/703052/worlds-most-innovative-companies.

46. **Stephen Powers, un analista...** Stephanie Clifford y Andrew Martin, «As Consumers Cut Spending, "Green" Products Lose Allure», *The New York Times*, 21 de abril de 2011, http://www.nytimes.com/2011/04/22/business/energy-environment/22green.html.

47. **Powers siguió diciendo...** Ibíd.

48. **«No es que los productos de limpieza ecológicos no funcionen...»** Ariel Schwartz, «Method: Only Inauthentic "Green" Cleaning Products Are Failing», *Co.EXIST*, consultada el 24 de septiembre de 2012, http://www.fastcoexist.com/1678022/method-only-inauthentic-green-cleaning-products-are-failing.

49. **Admite que las grandes marcas...** Ibíd.

50. **En su blog *Stain Removal 101*...** Taylor, «Method All Purpose Cleaner Reviews and Uses», *Stain-Removal-101*, consultad el 24 de septiembre de 2012, http://www.stain-removal-101.com/method-all-purpose-cleaner.html.

51. **«El ideal, el beneficio de alto nivel...»** Stengel, *Grow: How Ideals Power Growth*.

52. **Y como dice Eric Ryan a Stengel...** Ibíd.

LECCIÓN 3: CONSTRUYA COMUNIDAD

1. «El instrumento que nunca he aprendido...» Lady Gaga, entrevista de Robin Roberts y George Stephanopoulos, *Good Morning America*, ABC News, 27 de mayo de 2011, http://abcnews.go.com/GMA/video/lady-gaga-interview-gma-concert-dream-true-13701895.

2. «Ya desde aquella primera vez...» Anja, carta de una fan a Gaga, Tumblr, consultada el 25 de septiembre de 2012, http://www.tumblr.com/tagged/dear-mama-monter?before=1330372161.

3. «Para mí, el punto de inflexión...» Jocelyn Vena, «Lady Gaga On Success: "The Turning Point for Me Was the Gay Community"», *MTV News*, 7 de mayo de 2009, http://www.mtv.com/news/articles/1610781/lady-gaga-on-success-turning-point-me-was-gay-community.jhtml.

4. «Mi amor por mis fans gays...» Jeremy Kinser, «Portrait of a Lady».

5. «Me llamaron cosas horribles...» Kristof, «Born To Not Get Bullied».

6. «Es curioso, porque algunos de mis amigos...» Vena, «Lady Gaga On Success».

7. Se ha lamentado... Mother Monster [Lady Gaga], «A letter to my sweet fans», *Littlemonsters.com*, consultada el 25 de septiembre de 2012, http://littlemonsters.com/text/502a26e8ac460c3c27001ebc.

8. «Empiezo a pensar en toda esa gente...» «Lady Gaga Presents: The Monster Ball Tour at Madison Square Garden», Rodado el 21 de noviembre de 2011, HBO Concert Event, Streamline/Kon Live/Interscope, dirigido por Laurieann Gibson.

9. «Ha hecho un trabajo magistral...» Erin Nelson, entrevistada por Jackie Huba, 16 de Julio de 2012.

10. «Creo que ha hecho un trabajo fabuloso...» Ibíd.

11. «Básicamente, el Monster Ball...» Lady Gaga, entrevistada por Larry King, *Larry King Live*, CNN, 1 de junio de 2010, http://transcripts.cnn.com/TRANSCRIPTS/1006/01/lkl.01.html.

12. «¡El Monster Ball os hará libres!...» «The Monster Ball— Dialogue Transcript», *Gagapedia*, consultada el 25 de septiembre de 2012, http://ladygaga.wikia.com/wiki/The_Monster_Ball_-_Dialogue_transcript.

13. «Lo que yo hago, básicamente...» James Dinh, «Lady Gaga Wants Fans to "Feel Alive" During Monster Ball Show», *MTV News*, 28 de diciembre de 2009, http://www.mtv.com/news/articles/1628763/lady-gaga-wants-fans-feel-alive-during-monster-ball-show.jhtml.

14. Lo primero que uno ve... Welcome screen, Littlemonsters. com, consultada el 29 de septiembre de 2012, http://Little monsters.com.

15. Se anima a los fans... Ibíd.

16. Como los fans de Gaga... «Little Monsters Chat, Scaling and Future Features...» *Backplane* (blog), 6 de agosto de 2012, http://thebackplane.tumblr.com/post/28881441021/little-monsters-chat-scaling-and-future-features.

17. «¡Hemos alcanzado mil millones...!» Lady Gaga, post en Twitter, 24 de octubre de 2010, 7:35, a.m., http://twitter.com/ladygaga.

18. «Me siento anonadada + honrada...» Lady Gaga, post en Twitter, 1 de diciembre de 2011, 1:45 a.m., http://twitter.com/ladygaga.

19. «#garrasarriba para nuestro álbum nominado...» Lady Gaga, post en Twitter, 1 de diciembre de 2011, 1:49 a.m., http://twitter.com/ladygaga.

20. El 25 de agosto de 2012... Lady Gaga, post en Twitter, 25 de agosto de 2012, 11:57 a.m., http://twitter.com/ladygaga.

21. **La premisa del filme...** «Google Chrome: Lady Gaga», vídeo de YouTube, 1:31, subido por «googlechrome», 20 de mayo de 2011, http://youtu.be/sDPJ-o1leAw.

22. **El equipo de Gaga reunió...** Tim Nudd, «Google Mashes Up Fan Videos for Lady Gaga Spot», *Adweek*, 23 de mayo de 2001, http://www.adweek.com/adfreak/google-mashes-fan-videos-lady-gaga-spot-131913.

23. **Yezak montó...** «Happy Birthday Lady Gaga Biggest Fan Made Video Ever», vídeo de YouTube, 9:47, subido por «Ryan-JamesYezak», 25 de marzo de 2010, http://youtu.be/3Q7CKmeaOuM.

24. **«En 24 años no había llorado tanto...»** Lady Gaga, post de Twitter, 28 de marzo de 2010, 6:54 p.m., http://twitter.com/ladygaga.

25. **Los fans colgaron cartas *online*...** «Dear Mama Monster», página de Tumblr, consultada el 25 de septiembre de 2012, http://dear-mama-monster.tumblr.com.

26. **Las chicas colgaron el vídeo de ocho minutos...** «Dear Mother Monster: A Thank You from All Your Fans», vídeo de YouTube, 7:59, subido por «GCMsPiCeS», 30 de julio de 2012, http://youtu.be/lT689rlZ4Uc.

27. **«Me falta el aire...»** «Dear Mama Monster Project», comentario en *Littlemonsters.com*, consultada el 24 de septiembre de 2012, http://littlemonsters.com/video/5017b95dc84b0aff77001de6.

28. **«Tus pequeños monstruos te quieren mucho...»** Ibíd.

29. **La investigación que hizo Fiskars de su propia marca...** «Fiskateers», página web Brains on Fire, consultada el 28 de septiembre de 2012, http://www.brainsonfire.com/work/view/fiskateers.

30. **Brains on Fire organizó 150 entrevistas...** B. L. Ochman, «Fiskateers Case Study: How a Social Community Became a

Veritable Sales Force», *What's Next Blog*, 15 de octubre de 2008, http://www.whatsnextblog.com/2008/10/fiskateers_how_a_social_community_became_a_veritable_sales_force.

31. **Fiskars (con la ayuda de Brains on Fire)...** «Fisk-a-History 101», *Fiskateers* (blog), consultada el 25 de septiembre de 2012, http://fiskateers.com/blog/fiskateer-history.

32. **Lo que demostró a Fiskars el viaje por carretera...** Ibíd.

33. **Por ejemplo, durante el primer año...** Robbin Phillips y otros, *Brains on Fire: Igniting Powerful, Sustainable Word of Mouth* Movements (Hoboken, NJ, Wiley, 2010).

34. **«Los miembros manifiestan un afecto...»** «Why I Love Being a Fiskateer», vídeo de YouTube, 1:56, enviado por «AFiskateer», 15 de abril de 2009, http://youtu.be/MQKO HeTn69c.

35. **«Dentro de la comunidad MINI, todo consiste en encajar o vacilar de coche...»** Ray Schiel, «"Do You Hear What I Hear?": Listening to the Community, an Interview with MotiveQuest's Tom O'Brien», 2 de diciembre de 2008, http://www.globalsocialmedianetwork.com/?tag=mini-cooper.

36. **Es una especie de...** Ibíd.

37. **En 2012, unas seis mil personas...** Jason Udy, «Mini Takes the States from New York to Los Angeles», *Motor Trend,* 21 de julio de 2012, http://wot.motortrend.com/mini-takes-the-states-from-new-york-to-los-angeles-235085.html.

38. **Sus ventas de junio de 2012 aumentaron un 14,7 por ciento...** Scott Burgess, «Mini Takes the States: Brits Re-invade Washington on 200th Anniversary of War of 1812», *Autoblog* (blog), 5 de julio de 2012, http://www.autoblog.com/2012/07/05/mini-takes-the-states-brits-re-invade-was hington-on-200th-anniv.

39. **También obtuvo el premio Polk Automobile Loyalty Award ...** «MINI Honored With Polk Automotive Loyalty Award:

MINI Cooper Awarded Top Spot in the Compact Car Category», comunicado de prensa del Grupo BMW, 14 de enero de 2010, http://press.bmwgroup.com/shTXF.

LECCIÓN 4: PONGA NOMBRE A LOS FANS

1. **«Nos identificamos unos con otros...»** Lady Gaga, entrevistada por Touré, «Lady Gaga: On the Record with Fuse», *Fuse*, 7 de diciembre de 2009.
2. **«Compuse el álbum...»** Lady Gaga, entrevistada por Larry King.
3. **Mientras se celebraba el espectáculo...** Post en Twitter, 1 de febrero de 2010, 11:06 a.m., http://twitter.com/ladygaga.
4. **«Las manos se basaban...»** Mi2N, «Lady Gaga, Elton John and a Beautiful Baldwin», *Music Dish*, 12 de febrero de 2010, http://www.musicdish.com/mag/index.php3?id=12591.
5. **Unas horas después del espectáculo...** Lady Gaga, post en Twitter, 1 de febrero de 2010, 2:08 a.m., http://twitter.com/ladygaga.
6. **Su tuit explicaba...** Lady Gaga, post en Twitter, 2 de febrero de 2010, 4:39 p.m., http://twitter.com/ladygaga.
7. **La periodista de *Forbes*, Judy Martin, comparó a Gaga...** Judy Martin, «Lady Gaga and the Power of the Feminine Brand», *Forbes*, 19 de mayo de 2011, http://www.forbes.com/sites/work-in-progress/2011/05/19/lady-gaga-power-feminine-brand.
8. **«Maker's había empezado...»** Bill Samuels Jr., entrevistado por Ben McConnell y Jackie Huba, *Church of the Customer Podcast*, 10 de enero de 2006, http://www.creatingcustomerevangelists.com/podcasts/churchofthecustomer-01-10-06.mp3.

9. «"He tenido una idea que..."» Ibíd.
10. «Nunca nos preocupa pensar...» Ibíd.
11. «Dayle Hall, director general de marketing...» Dayle Hall, entrevista de Jackie Huba, 2 de octubre de 2012.
12. **Tienen acceso a una amplia gama de oportunidades de desarrollo profesional...** «Aruba Networks Launches Airheads Community for Enterprise Mobility Experts», *MediaBuzz*, marzo de 2012, http://www.mediabuzz. com.sg/archives/2012/marzo/1517-aruba-networks-launches-airheads-community-for-enterprise-mobility-experts.
13. **«Dentro de la comunidad de Airheads puedo compartir mi experiencia...»** «Aruba Networks Launches Airheads Community for Enterprise Mobility Experts», Aruba Networks News Releases, 5 de diciembre de 2011, http://www.arubanetworks.com/news-releases/aruba-networks-launches-airheads-community-for-enterprise-mobility-experts.

LECCIÓN 5: APROVECHE LOS SÍMBOLOS COMPARTIDOS

1. «Yo... intento crear cosas...» Lady Gaga, entrevista de Larry King.
2. **«Fue un momento muy emocionante...»** «Lady Gaga Monster Ball Tour-Monster Claw and Audience Call», vídeo de YouTube, 4:20, subido por «iBEdebbie115», 24 de diciembre de 2009, http://youtu.be/1bBhTrlBKRA.
3. **Declaró al *Big Top 40 Show* británico...** Lewis Corner, «GaGa Inspired by My Little Pony», *Digital Spy*, 7 de marzo de 2011, http://www.digitalspy.co.uk/music/news/a307561/gaga-inspired-by-my-little-pony.html.

4. «Highway Unicorn habla de mí...» Lady Gaga, post en Twitter, 22 de mayo de 2011, 8:12 p.m., http://twitter.com/ladygaga.

5. El estilista de Gaga, Nicola Formichetti... Lee Carter, «The Incredible But True Story of How Nicola Formichetti Got Rick Genest to Model in Mugler», *Hint Fashion Magazine*, 20 de marzo de 2011, http://www.hintmag.com/post/the-true-story-of-how-nicola-formichetti-got-rick-genest-the-guy-with-a-scalp-tattoo-to-model-in-mugler-marzo-20-2011.

6. «No me van los reclamos...» Myron Cope, *Myron Cope: Double Yoi!* (Champaign, Illinois, Sports Publishing, 2002).

7. «Me van los reclamos» Ibíd.

8. Discutiéndolo con su jefe... Ibíd.

9. «Lo llamaremos la Toalla Terrible...» Greg Garber, «"Terrible" Influence Yields Good Results», *ESPN*, 29 de enero de 2009, http://sports.espn.go.com/nfl/playoffs2008/columns/story?columnist=garber_greg&page=hotread20/garber.

10. «La Toalla Terrible está preparada para atacar...» Ibíd.

11. «De repente...» Ibíd.

12. «A punto de hacer el saque inicial, los Steelers se reunieron...» Myron Cope, *Myron Cope*.

13. «Creo que toda gran nación...» Greg Garber, «"Terrible" Influence».

14. «Pensábamos que querían...» Chuck Salter, «How the Lance Armstrong Foundation Became Livestrong», *Fast Company*, 26 de octubre de 2010, http://www.fastcompany.com/1698037/how-lance-armstrong-foundation-became-livestrong.

15. «LE ENCANTÓ...» Ibíd.

16. Según Kat Jones... Ibíd.

17. «Cuando me enteré de que Nike...» Sal Ruibal, «Livestrong Bracelets Approaching 50 Million Strong», *USA Today*,

12 de mayo de 2005, http://www.usatoday.com/sports/
cycling/2005-05-12-livestrong_x.htm.

18. **Según los directivos de Livestrong...** Brent Schrotenboer,
«Livestrong: Only 8 Donors Asked For Their Money Back»,
USA Today, 12 de noviembre de 2012, http://www.usatoday.
com/story/sports/cycling/2012/11/12/livestrong-lance-
armstrong-doping/1700831/.

19. **Livestrong es un ejemplo infrecuente...** Chuck Salter, «How
the Lance Armstrong».

LECCIÓN 6: HAGA QUE SE SIENTAN ESTRELLAS DEL ROCK

1. **«Querida Mamá Monstruo...»** Erika, carta de una fan a
Gaga, Tumblr, consultada el 25 de septiembre de 2012,
http://dear-mama-monster.tumblr.com/post/28497360065/
dear-mama-monster-my-name-is-erika-you-pulled-my.
2. **«Espero que no comunique...»** «Lady Gaga Monster Ball
Tour—Monster Claw and Audience Call».
3. **«Te envío a unas personas...»** Ibíd.
4. **Esta sociedad formó parte...** Rebecca Sebek, «Lady Gaga:
Singer, Fashion Artist and Philanthropist», *Halogen*,
consultada el 25 de septiembre de 2012, http://halogentv.
com/articles/lady-gaga-singer-fashion-artist-and-
philanthropist.
5. **«Éste es el collar...»** Lady Gaga, post en Twitter, 27 de abril
de 2012, 2:10 a.m., http://twitter.com/ladygaga.
6. **«El fan firmará la llave auténtica del Monster Pit...»** Lady
Gaga, post en Twitter, 27 de abril de 2012, 2:16 a.m., http://
twitter.com/ladygaga.
7. **Gaga ha estado colgando fotos...** Mother Monster [Lady
Gaga], «HOLDER OF THE KEY TO THE MONSTER PIT

IN PARIS 9.22.2012: MAUD MECHURA», Littlemonsters. com, consultada el 25 de septiembre de 2012, http:// littlemonsters.com/image/5061d8554f5cf1d477001220.

8. «**Cuando yo tenía tu edad...**» «Lady Gaga Brings Fan Larissa On Stage—Vienna 2012», vídeo de YouTube, 3:17, subido por by «paxovismc44», 20 de agosto de 2012, http://youtu. be/7SIXDFUFxyA.

9. «**Entonces, un día...**» Ibíd.

10. «**Podrías ser tú**» Ibíd.

11. «**No hay un sueño...**» Ibíd.

12. **En la parada de la gira en Brisbane, Australia...** «Lady Gaga — Bad Kids— Live in Stockholm, Sweden 31.08.2012 HD», vídeo de YouTube, 4:30, subido por «LauiiiHD», 1 de septiembre de 2012, http://youtu.be/wcnaIyeTc2c.

13. **Un dibujo concreto...** Helen Green, «Disney Gaga!» *Littlemonsters.com*, consultada el 25 de septiembre de 2012, http://littlemonsters.com/image/4fd8d59aec64fee47e0000e3.

14. «**Esto es lo que más me gusta...**» Lady Gaga, post en Twitter, 25 de julio de 2012, 2:32 p.m., http://twitter.com/ladygaga.

15. «**SEÑORAS Y SEÑORES, MONSTRUOS Y PRINCESAS**», Littlemonsters.com, consultada el 25 de septiembre de 2012, http://littlemonsters.com/text/504e9286b2d03c913d001354.

16. «**¡Esto es increíble!**» Helen Green, comentario sobre «LADIES, GENTLEMEN, MONSTERS, AND PRINCESS HIGHs», *Littlemonsters.com*, consultada el 25 de septiembre de 2012, http://,/text/504e9286b2d03c913d001354.

17. «**En ese momento, unos perfectos desconocidos...**» Rod Brooks, «Celebrity like greeting as I arrived in Austin (Photos no doubt to come)!» post de Facebook, 20 de abril de 2010, https://www.facebook.com/notes/rod-brooks/ celebrity-like-greeting-as-i-arrived-in-austin-photos-no-doubt-to-come/424193310147.

18. **«El resultado fue espectacular...»** Sean McDonald, «WOM Lesson: Celebrate Customers», *Ant's Eye View* (blog), 24 de mayo de 2010, http://www.antseyeview.com/blog/wom-lesson-celebrate-customers.
19. **«El concepto seminal es...»** Spike Jones, e-mail a Jackie Huba, 19 de agosto de 2012.
20. **«No le dimos un guión...»** Ibíd.
21. **«Fue un acontecimiento...»** Daphne, «eBay Live! 2002... A Look Back», *The Chatter: eBay Community Newsletter* 2, n° 5 (marzo de 2003), http://pages.ebay.com/community/chatter/2003Mar/eblive.html.
22. **«La mayoría de compañías se define...»** Ibíd.
23. **Los clientes se quedaron «anonadados [...]»** texas-auctions, «THANKS EBAY for the Red Carpet Applause», *eBay Live!* Foro de debate de *Community Conference*, 17 de junio de 2006, http://forums.ebay.com/db1/topic/Ebay-Live-Community/Thanks-Ebay-For/1000303415&.
24. **«¡Ése fue uno de los grandes momentos...!»** «Highlights from the 2008 Ebay Live Gala at Chicago's McCormick Place», vídeo de YouTube, 7:05, subido por «scottyluvslucy», 18 de julio de 2008, http://youtu.be/tQJYLRAf7_c.
25. **Como nota marginal diré que eBay Live! se interrumpió...** «EBay Live! Now Dead», Reuters, 14 de julio de 2009, http://www.reuters.com/article/2009/07/14/us-ebay-idUSTRE56D5SH20090714?feedType=RSS&feedName=technologyNews.
26. **Se han asociado...** Brad y Debra Schepp, «Behind the Scenes at eBay: On Location; Dallas Seller Extravaganza Was a Red Carpet Affair», *Auctiva*, 24 de mayo de 2010, http://www.auctiva.com/edu/entry.aspx?id=Behind-the-Scenes-at-eBay-On-Location.

LECCIÓN 7: HAGA ALGO QUE DÉ QUE HABLAR

1. «Cuando uno hace música...» Elizabeth Goodman, «Collect Call from... Lady Gaga», *Blender*, abril de 2009.

2. Tiene que crear una «vaca lila»... Seth Godin, *Purple Cow: Transform Your Business by Being Remarkable* (Nueva York, Portfolio, 2003).

3. «Soy toda una académica...» «Lady Gaga on "Mastering the Art of Fame"», *CBS News*, 14 de febrero de 2011, http:// www.cbsnews.com/2102-18560_162-7337078.html.

4. «Me siento muy feliz...» BestStatus, 5 de septiembre de 2012 (2:50 p.m.), comentario sobre «Lady Gaga Debuts an "ARTPOP" Invention», *GagaDaily*, http://gagadaily.com/ index.php?showtopic=29384&st=120#entry1681086.

5. «Nunca pensé que le pediría a Cher...» Caryn Ganz, «Meet the Mystery Meat Dress: Lady Gaga Explains Rare VMAs Outfit», *Yahoo Music*, 12 de septiembre de 2010, http:// music.yahoo.com/blogs/stop-the-presses/meet-the-mystery-meat-dress-lady-gaga-explains-rare-vmas-outfit.html.

6. La PETA denunció el vestido... Laura Roberts, «Lady Gaga's Meat Dress Divides Opinion», *The Telegraph*, 14 de septiembre de 2010, http://www.telegraph.co.uk/culture/music/music-news/8001267/Lady-Gagas-meat-dress-divides-opinion.html.

7. El cantante vegetariano Morrissey... Michael Deacon, «Morrissey On... Lady Gaga and Modern Pop», *The Telegraph*, 17 de junio de 2011, http://www.telegraph.co.uk/ culture/music/8579607/Morrissey-on...-Lady-Gaga-and-modern-pop.html.

8. La revista *Time* calificó... Belinda Luscombe, «The Top 10 Fashion Statements», *Time*, 9 de diciembre de 2010, http:// www.time.com/time/specials/packages/article/0,28804, 2035319_2034464_2034435,00.html.

9. «¡El bolso de carne fue genial!...» Cher, post en Twitter, 13 de septiembre de 2010, 11:03 a.m., http://twitter.com/cher.

10. **Gaga ya había hecho unas declaraciones...** Dan Zak, «Lady Gaga, Already a Gay Icon, Shows She's an Activist Too», *Washington* Post, 12 de octubre de 2009, http://www. washingtonpost.com/wp-dyn/content/article/2009/10/11/ AR2009101101892.html?sid=ST2009101101924.

11. **«Estos soldados...»** Jocelyn Vena, «Lady Gaga's Best Awards - Show Arrivals: From Kermit to the Egg», *MTV News*, 14 de febrero de 2011, http://www.mtv.com/news/articles/1657931/ lady-gaga-egg-arrival-grammys.jhtml.

12. **Gaga pagó a los veteranos...** Gil Kaufman, «Lady Gaga's White-Carpet Guests Talk VMA VIP Experience», *MTV News*, 13 de septiembre de 2010, http://www.mtv.com/news/ articles/1647759/lady-gagas-white-carpet-guests-talk-vma-vip-experience.jhtml.

13. **«Para mí es desolador saber...»** Ganz, «Meet the Mystery Meat Dress».

14. **«Si no defendemos...»** Ibíd.

15. **«Los veteranos gays fueron mis acompañantes...»** Lady Gaga, post en Twitter, 14 de septiembre de 2010, 8:48 a.m., http://twitter.com/ladygaga.

16. **Reid le contestó por Twitter...** Senador Harry Reid, post en Twitter, 14 de septiembre de 2010, 11:19 a.m., http://twitter. com/HarryReid.

17. **«Si profundizamos un poco más...»** Brett Zongker, «Lady Gaga's Meat Dress to Be Shown in DC Museum», Associated Press, 6 de septiembre de 2012.

18. **«No me convencía...»** Jonathan Van Meter, «Dream Girl».

19. **«Debe tener un aroma seductor...»** Ibíd.

20. **«En aquel momento yo estaba embarazada...»** Ibíd.

21. **«Lo cierto es que impulsó...»** Ibíd.

22. «Los dos [el fotógrafo Steven Klein y yo] pensamos...» Ibíd.

23. Tras haber vendido seis millones de frascos... Lady Gaga, post en Twitter, 22 de septiembre de 2011, 6:18 a.m., http://twitter.com/ladygaga.

24. «Es una artista...» «Gaga's "Blood and Semen" Perfume Outsells Beyonce and Madonna», *ANI*, 1 de septiembre de 2012, http://zeenews.india.com/entertainment/glamtalk/gaga-s-blood-and-semen-perfume-outsells-beyonce-and-madonna_118273.htm.

25. «Lady Gaga está incubándose». Sheila Marikar y Eileen Murphy, «Lady Gaga Arrives at Grammys in Giant Egg», *ABC* News, 13 de febrero de 2011, http://abcnews.go.com/Entertainment/lady-gaga-arrives-grammys-giant-egg/story?id=12908509#.UGJp3EIZe-J.

26. «Lo verás pero no lo creerás...» Kelly Osbourne, post en Twitter, 13 de febrero de 2011, 3:51 p.m., http://twitter.com/MissKellyO.

27. Tal como explicó más tarde en *The Tonight Show*... «Lady Gaga Visits Jay Leno», vídeo en Dailymotion, 12:45, subido por «Erhan Dalfidan», 15 de febrero de 2011, http://www.dailymotion.com/video/xh1hh1_lady-gaga-visits-jay-leno_music.

28. Más adelante *Billboard* dijo que en los cincuenta y dos años... Bill Werde, «Lady Gaga "Born This Way" Cover Story», *Billboard*, 18 de febrero de 2011, http://www.billboard.com/news/lady-gaga-born-this-way-cover-story-1005041172.story.

29. Elton John dijo que la canción... Tanner Stransky, «Lady Gaga and Elton John: Working Together on the Pop Queen's New Album», *EW.com*, 7 de octubre de 2010, 5:37 pm, http://music-mix.ew.com/2010/10/07/lady-gaga-elton-john-new-album.

30. «Quería apostar mi dinero...» Werde, «Lady Gaga "Born This Way" Cover Story».

31. «Estaba pensando en el nacimiento...» «Lady Gaga Visits Jay Leno».

32. «No sólo nos llevamos a casa algunos premios...» «Lady Gaga Dishes On Grammy Vessel & On Stage Birth», *Access Hollywood*, 17 de febrero de 2011, http://www.accesshollywood.com/lady-gaga-reveals-inspiration-behind-born-this-way-grammy-performance_article_44050.

33. Anunció a los fans de Littlemonsters.com... Mother Monster [Lady Gaga], «ARTPOP is not just an ALBUM its a PROJECT», *Littlemonsters.com*, consultada el 30 de septiembre de 2012, http://littlemonsters.com/text/5047d491ac460c3508001b8e.

34. «Me habéis inspirado para crear algo...» Ibíd.

35. Gaga ha tenido «una relación alucinante, irresponsable y de sexo inseguro»... Goodman, «Collect Call from... Lady Gaga».

36. «Sacamos las agujas por primera vez...» «The Big Knit», Innocent, consultada el 25 de septiembre de 2012, http://www.innocentdrinks.co.uk/bigknit.

37. En 2011, se vendieron en la compañía 1,5 millones... Lara O'Reilly, «Q&A with Innocent Marketing Director Douglas Lamont», *Marketing Week*, 6 de septiembre de http://www.marketingweek.co.uk/news/qa-with-innocent-marketing-director-douglas-lamont/4003670.article.

38. La compañía explica en el blog de RoadBurn... «RoadBurn 2008: The Chronicles of Three Freshbookers Across the Southern United States», *FreshBooks* (blog), consultada el 25 de septiembre de 2012, http://roadburn.freshbooks.com.

39. «[Nuestro equipo de tres personas] quedó para comer...» Becky Carroll, «FreshBooks Rocks: Getting Personal with

Customers», *Customers Rock!* (blog), 2 de abril de 2008, http://customersrock.wordpress.com/2008/04/02/freshbooks-rocks-getting-personal-with-customers.

40. **«Los comentarios se deben al hecho de que nos reunimos...»** «Five Questions for FreshBooks», *One Degree*, 15 de abril de 2008, http://www.onedegree.ca/2008/04/five-questions.html.

41. **«Nuestros objetivos para el viaje...»** Ibíd.

42. **Según Saul, lograron «evaluar...»** Ibíd.

43. **«Los clientes siempre son más...»** Ibíd.

44. **«¡Sin duda fue una lástima...!»** Donna Vitan, 2 de abril de 2008 (11:28 p.m.), comentario sobre Saul Colt, «Our Trip May Be Over but the Adventure Isn't!» *FreshBooks* (blog), 8 de marzo de 2008, http://roadburn.freshbooks.com/2008/03/18/our-trip-may-be-over-but-the-adventure-isnt.

45. **«Me quedé impresionado cuando vinisteis a Boston...»** Joseph Crawford, 8 de septiembre de 2011 (10:30 a.m.), comentario sobre Saul Colt, «FreshBooks Is Going "On the Road Again"», *FreshBooks* (blog), 3 de septiembre de 2011, http://www.freshbooks.com/blog/2011/09/03/freshbooks-is-going-on-the-road-again.

¿CÓMO SE PUEDE OBTENER LA LEALTAD DE OTROS?

1. **«Creo que todo el mundo...»** Grigoriadis, «Growing Up Gaga».

Acerca de la autora

Jackie Huba es la coautora de dos libros sobre la fidelidad de los clientes: *Creating Customer Evangelists: How Loyal Customers Become a Volunteer Sales Force* explica cómo una empresa convierte a los clientes en patrocinadores que hacen correr la voz sobre los productos, beneficios o propuestas de valor. *Creating Customer Evangelists* se ha traducido a seis idiomas y se ha convertido en un punto de referencia para las estrategias de empresas de todo el mundo. El segundo libro de Jackie, *Citizen Marketers: When People are the Message*, documenta el mundo emergente de las redes sociales y cómo las marcas deberían empezar a practicar la cultura participativa. Además de usarse ampliamente en las empresas como introducción a las redes sociales, diversos profesores universitarios han elegido este libro como herramienta para entender la naturaleza subyacente en las redes sociales, y qué significa para el marketing y las relaciones públicas.

Jackie, nombrada una de las comercializadoras más influyentes *online*, es coautora del galardonado blog *Church of the Customer*. Con sus más de 105.000 lectores diarios, figura como uno de los blogs empresariales más populares del mundo. El trabajo de Jackie ha aparecido frecuentemente en los medios de comunicación, como *The Wall Street Journal*, *The New York Times*, *BusinessWeek* y *Advertising Age*. Fue miembro de la junta fundadora de la Word of Mouth Marketing

Association. Es una veterana de IBM, donde estuvo once años, licenciada de la Universidad Penn State, seguidora de los Pittsburgh Steelers, y vive en Austin, Texas.

Descubra sus siguientes proyectos en jackiehuba.com.

Puede encontrarla en Twitter @jackiehuba.

Una selección
de fuentes de información

Lady Gaga en los medios sociales

Twitter.com/ladygaga
Facebook.com/ladygaga
Plus.google.com/+LadyGaga
YouTube.com/ladygagaofficial
YouTube.com/LadyGagaVEVO
Littlemonsters.com

Otras Fuentes

Bornthiswayfoundation.org
GagaDaily.com
GagaNews.com
PropaGaga.com

Visítenos en la web:

www.empresaactiva.com